REPÈRES PRATIQUES

La FISCALITÉ

RÉFORM

Georges SAUVAGEOT
Sylvie CHAMILLARD
Pierre-Alban LEVEAU

Nathan

sommaire

MODE D'EMPLOI

Divisé en six parties, l'ouvrage s'organise par doubles pages.
Chaque double page fait le point sur une notion.

À gauche

Une page de synthèse apporte les notions essentielles sur la question traitée.

À droite

Une page d'explication développe un point particulier qui vient illustrer la page de gauche.

Le menu aide à repérer les six parties du livre.

L'introduction cerne le sujet.

Le titre de la page de droite met en lumière un point particulier.

Le titre annonce le thème de la double page.

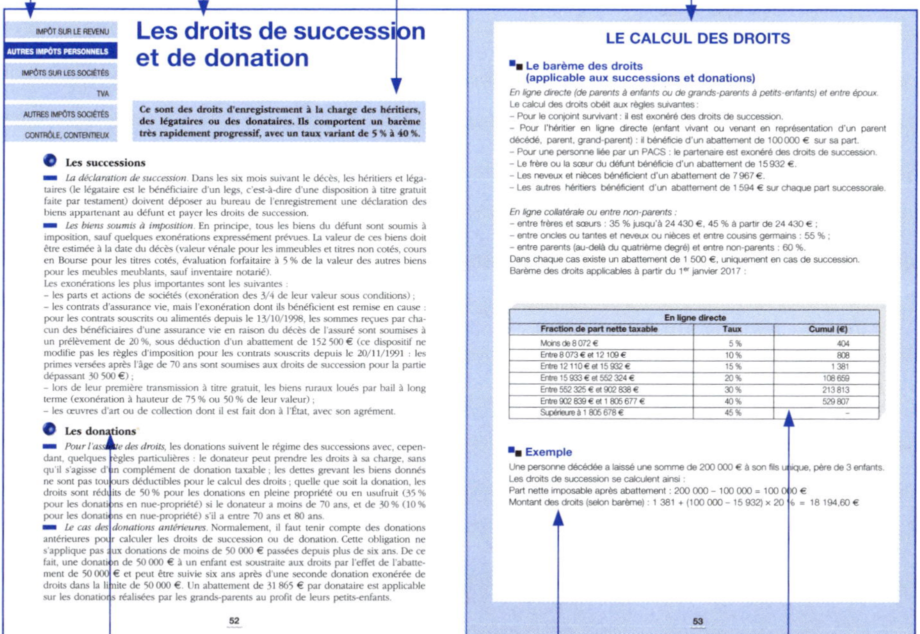

IMPÔT SUR LE REVENU
AUTRES IMPÔTS PERSONNELS
IMPÔTS SUR LES SOCIÉTÉS
TVA
AUTRES IMPÔTS SOCIÉTÉS
CONTRÔLE, CONTENTIEUX

Les droits de succession et de donation

Ce sont des droits d'enregistrement à la charge des héritiers, des légataires ou des donataires. Ils comportent un barème très rapidement progressif, avec un taux variant de 5 % à 40 %.

Les successions

La déclaration de succession. Dans les six mois suivant le décès, les héritiers et légataires (le légataire est le bénéficiaire d'un legs, c'est-à-dire d'une disposition à titre gratuit faite par testament) doivent déposer au bureau de l'enregistrement une déclaration des biens appartenant au défunt et payer les droits de succession.

Les biens soumis à imposition. En principe, tous les biens du défunt sont soumis à imposition, sauf quelques exonérations expressément prévues. La valeur de ces biens doit être estimée à la date du décès (valeur vénale pour les immeubles et titres non cotés, cours en Bourse pour les titres cotés, évaluation forfaitaire à 5 % de la valeur des autres biens pour les meubles meublants, sauf inventaire notarié).
Les exonérations les plus importantes sont les suivantes :
– les parts et actions de sociétés (exonération des 3/4 de leur valeur sous conditions) ;
– les contrats d'assurance vie, mais l'exonération dont ils bénéficient est remise en cause : pour les contrats souscrits ou alimentés depuis le 13/10/1998, les sommes reçues par chacun des bénéficiaires d'une assurance vie en raison du décès de l'assuré sont soumises à un prélèvement de 20 %, sous déduction d'un abattement de 152 500 € (ce dispositif ne modifie pas les règles d'imposition pour les contrats souscrits depuis le 20/11/1991 : les primes versées après l'âge de 70 ans sont soumises aux droits de succession pour la partie dépassant 30 500 €) ;
– lors de leur première transmission à titre gratuit, les biens ruraux loués par bail à long terme (exonération à hauteur de 75 % ou 50 % de leur valeur) ;
– les œuvres d'art ou de collection dont il est fait don à l'État, avec son agrément.

Les donations

Pour l'assiette des droits, les donations suivent le régime des successions avec, cependant, quelques règles particulières : le donateur peut prendre les droits à sa charge, sans qu'il s'agisse d'un complément de donation taxable ; les dettes grevant les biens donnés ne sont pas toujours déductibles pour le calcul des droits ; quelle que soit la donation, les droits sont réduits de 50 % pour les donations en pleine propriété ou en usufruit (35 % pour les donations en nue-propriété) si le donateur a moins de 70 ans, et de 30 % (10 % pour les donations en nue-propriété) s'il a entre 70 ans et 80 ans.

Le cas des donations antérieures. Normalement, il faut tenir compte des donations antérieures pour calculer les droits de succession ou de donation. Cette obligation ne s'applique pas aux donations de moins de 50 000 € passées depuis plus de six ans. De ce fait, une donation de 50 000 € à un enfant est soustraite aux droits par l'effet de l'abattement de 50 000 € et peut être suivie six ans après d'une seconde donation exonérée de droits dans la limite de 50 000 €. Un abattement de 31 865 € par donataire est applicable sur les donations réalisées par les grands-parents au profit de leurs petits-enfants.

52

LE CALCUL DES DROITS

Le barème des droits (applicable aux successions et donations)

En ligne directe (de parents à enfants ou de grands-parents à petits-enfants) et entre époux.
Le calcul des droits obéit aux règles suivantes :
– Pour le conjoint survivant : il est exonéré des droits de succession.
– Pour l'héritier en ligne directe (enfant vivant ou venant en représentation d'un parent décédé, parent, grand-parent) : il bénéficie d'un abattement de 100 000 € sur sa part.
– Pour une personne liée par un PACS : le partenaire est exonéré des droits de succession.
– Le frère ou la sœur du défunt bénéficie d'un abattement de 15 932 €.
– Les neveux et nièces bénéficient d'un abattement de 7 967 €.
– Les autres héritiers bénéficient d'un abattement de 1 594 € sur chaque part successorale.

En ligne collatérale ou entre non-parents :
– entre frères et sœurs : 35 % jusqu'à 24 430 €, 45 % à partir de 24 430 € ;
– entre oncles ou tantes et neveux ou nièces et entre cousins germains : 55 % ;
– entre parents (au-delà du quatrième degré) et entre non-parents : 60 %.
Dans chaque cas existe un abattement de 1 500 €, uniquement en cas de succession.
Barème des droits applicables à partir du 1er janvier 2017 :

En ligne directe		
Fraction de part nette taxable	**Taux**	**Cumul (€)**
Moins de 8 072 €	5 %	404
Entre 8 073 € et 12 109 €	10 %	808
Entre 12 110 € et 15 932 €	15 %	1 381
Entre 15 933 € et 552 324 €	20 %	108 659
Entre 552 325 € et 902 838 €	30 %	213 813
Entre 902 839 € et 1 805 677 €	40 %	529 807
Supérieure à 1 805 678 €	45 %	–

Exemple

Une personne décédée a laissé une somme de 200 000 € à son fils unique, père de 3 enfants.
Les droits de succession se calculent ainsi :
Part nette imposable après abattement : 200 000 – 100 000 = 100 000 €
Montant des droits (selon barème) : 1 381 + (100 000 – 15 932) × 20 % = 18 194,60 €

53

Les sous-titres permettent de saisir l'essentiel en un coup d'œil. Les mots importants sont répertoriés dans un index en fin d'ouvrage.

L'exemple permet de mieux comprendre les règles du système fiscal français.

Le tableau donne des informations chiffrées actualisées.

Le système fiscal français

Selon la loi, les impôts peuvent être divisés en impôts directs, taxes sur le chiffre d'affaires, droits d'enregistrement.

Définition de l'impôt

L'impôt est un prélèvement obligatoire en argent, établi par la loi, à titre définitif et sans contrepartie, en vue d'assurer la couverture des charges publiques en général. L'impôt se distingue ainsi des cotisations sociales (où il y a une contrepartie : les prestations sociales), des redevances pour l'utilisation d'un service public, des taxes parafiscales destinées à un objet économique et social particulier.

Les impôts directs

- L'impôt direct est un prélèvement annuel à la charge exclusive du contribuable (personne physique ou société) frappant son revenu ou certains éléments de sa fortune.

- On distingue deux grandes catégories d'impôt direct :
– les impôts frappant les revenus (ou les bénéfices) : impôt sur les sociétés et impôt sur le revenu ;
– les autres impôts ou taxes comprenant les taxes diverses au profit du budget de l'État (taxe sur les salaires, etc.) et les impôts au profit du budget des collectivités locales (régions, départements, communes) : contribution économique territoriale (CET), taxe foncière, taxe d'habitation.

- Les deux impôts directs fondamentaux sont l'impôt sur les sociétés (IS) et l'impôt sur le revenu (IR). L'impôt sur les sociétés frappe le bénéfice net global annuel des sociétés de capitaux (SA et SARL essentiellement), et l'impôt sur le revenu, le revenu net global annuel des personnes physiques (p. 10). L'IS est un impôt proportionnel, tandis que l'IR est un impôt progressif. Il est possible d'éviter la progressivité de l'IR en optant pour le prélèvement libératoire, consistant, pour certains revenus uniquement, à leur soumission à un prélèvement forfaitaire qui est libératoire de l'impôt sur le revenu (p. 5).

Les taxes sur le chiffre d'affaires

- Elles comprennent la taxe sur la valeur ajoutée (TVA) ainsi que les contributions indirectes (ou « accises ») perçues sur certains produits ou services (boissons, tabacs, etc.).

- La TVA est un impôt général de consommation, frappant la quasi-totalité des opérations commerciales. Elle est supportée intégralement par le consommateur final : en effet, selon le principe des déductions, chaque assujetti calcule la taxe sur le prix des biens ou des services vendus et déduit la taxe qui lui a été facturée sur ses achats.

Les droits d'enregistrement

Ce sont, en général, des impôts indirects frappant le capital. Ils sont perçus à l'occasion de certains actes (ventes d'immeubles, donations, baux, etc.) ou en cas de succession. Ils comprennent l'impôt sur la fortune immobilière (IFI).

TAUX D'IMPOSITION SUR LES REVENUS FINANCIERS ET PLUS-VALUES

Revenus financiers et plus-values sur valeurs mobilières	Taux en %
• Plan d'épargne-logement (PEL) de moins de 12 ans • Plan d'épargne-logement de 12 ans et plus • Compte d'épargne-logement et PEL ouverts depuis le 01/01/2018	(1) 24 (3) 12,8 (1)
• Plan d'épargne populaire (PEP) : ouverture impossible d'un nouveau PEP depuis le 25/09/03 – intérêts après 8 ans	 (1)
• Livret A, livret de développement durable (LDD), livret d'épargne populaire (LEP), livret jeune	0
• Contrats d'assurance vie et bons ou contrats de capitalisation (5) : – sortie avant 8 ans – sortie après 8 ans (sous déduction d'un abattement annuel de 4 600 € et de 9 200 € pour les couples mariés) • Bons ou contrats de capitalisation dont le bénéficiaire garde l'anonymat	 12,8 (1) 7,5 (1) (2)
• Plan d'épargne en actions (PEA) : – sortie avant 2 ans – sortie entre 2 et 5 ans – sortie après 5 ans	 22,5 (1) 19 (1) (1)
• Intérêts des obligations françaises et étrangères et titres participatifs • Revenus des parts des fonds communs de créances, des bons des institutions financières spécialisées, billets de trésorerie, certificats de dépôt, bons à moyen terme négociables • Intérêts des bons du Trésor, des bons d'épargne des PTT ou de la Poste, des bons de caisse des établissements de crédit – nominatifs – anonymes	12,8 (1) 12,8 (1) 12,8 (1) (2)
• Dividendes d'actions	12,8 (3)
• Plus-values sur cessions de valeurs mobilières. (4)	12,8 (1)

(1) Prélèvements sociaux de 17,2 % (CSG de 9,90 % + CRDS de 0,50 %, prélèvement social de 4,5 %, contribution additionnelle de 0,30 % et prélèvement de solidarité de 2 %.
(2) 60 % et 2 % par an de la valeur nominale.
(3) 15,5 % à titre d'acompte + IR progressif.
(4) Voir page 24.
(5) Versements depuis le 27 septembre 2017 : imposition à 30 %.

Le droit fiscal

Il existe plusieurs sources du droit fiscal : la loi (pas d'impôt sans loi), les textes réglementaires (décrets et arrêtés ministériels), les décisions des tribunaux, la doctrine, les directives européennes et les arrêts de la Cour de justice des Communautés européennes.

La loi fiscale, seule vraie source du droit fiscal

- Selon l'article 34 de la Constitution de 1958, « la loi fixe les règles concernant l'assiette, le taux et les modalités de recouvrement des impositions de toutes natures ». La loi détermine les règles essentielles, laissant au pouvoir réglementaire la tâche d'en préciser les modalités d'application, par décrets et par arrêtés ministériels.
- L'initiative des lois appartient normalement au Premier ministre et aux membres du Parlement. Mais, en matière fiscale, selon l'article 40 de la Constitution, les députés et sénateurs ne peuvent pas proposer d'allégements purs et simples de l'impôt, si bien que la plupart des projets à caractère fiscal sont d'initiative gouvernementale.
- Le Conseil constitutionnel ne peut intervenir dans le processus législatif qu'après adoption définitive du texte de loi par le Parlement. Son rôle est exclusivement de vérifier la conformité de ce texte, ou de certaines de ses dispositions, avec la Constitution. La non-conformité d'une disposition votée entraîne son retrait automatique du texte de la loi qui sera publiée au *Journal officiel*.

Le Code général des impôts

- Compte tenu de l'abondance des textes fiscaux, certains anciens, d'autres modifiés plusieurs fois, on a réuni méthodiquement, depuis 1948, toute la législation fiscale en vigueur dans un livre appelé « Code général des impôts » (CGI). Il comprend près de 2 000 articles, auxquels s'ajoutent quatre annexes relatives aux mesures d'application.
- Depuis 1981, un Livre des procédures fiscales (LPF) rassemble les dispositions du CGI ainsi que celles relatives aux procédures d'assiette, de recouvrement, de contrôle de l'impôt et aux garanties et voies de recours des contribuables.

Les décisions des tribunaux

Les tribunaux compétents en matière d'impôts directs et de taxes sur le chiffre d'affaires sont les tribunaux administratifs, les cours administratives d'appel et le Conseil d'État ; mais, en matière de droits d'enregistrement, de timbre et de contributions indirectes, sont compétents les tribunaux de grande instance, les cours d'appel et la Cour de cassation. Le rôle des tribunaux est de résoudre les problèmes qui apparaissent dans l'application de la loi.

L'administration fiscale

Son rôle n'est pas seulement d'établir, de recouvrer les impôts et de contrôler les déclarations. L'administration fiscale est également chargée de la préparation des lois et de la mise au point des textes réglementaires d'application. Après la publication des lois, décrets et arrêtés, elle les commente dans des circulaires.

RÈGLES D'APPLICATION DES TEXTES FISCAUX

Règle générale

Selon l'article 1er du Code civil, les lois, ainsi que les actes réglementaires lorsqu'ils sont publiés, entrent en vigueur sur l'ensemble du territoire le lendemain de leur publication au *Journal officiel.* Cependant, la loi peut fixer elle-même son entrée en vigueur à une autre date. L'application de cette règle générale aux textes fiscaux fait intervenir la notion de fait générateur. Si une loi fiscale est publiée au *Journal officiel* du 10 avril, elle sera applicable à partir du 12 avril à Paris, c'est-à-dire dès que le fait générateur de l'impôt sera postérieur au 11 avril. Le fait générateur est fixé par la loi pour une opération déterminée ; par exemple, pour la TVA, on retient généralement la livraison du bien ou l'encaissement du prix. Ainsi, la nouvelle loi s'applique pour les produits livrés après le 11 avril (ou dont le prix est encaissé après le 11 avril).

Règle d'application des lois de finances

Des difficultés apparaissent pour déterminer le fait générateur lorsque la loi fiscale concerne des flux de revenus rattachés à une période annuelle (impôt sur le revenu, impôt sur les sociétés) et qu'elle est prise en cours d'année. Aussi, désormais, l'article 1er de la loi votée au cours de l'année N énonce, sauf précision contraire :

– que pour l'impôt sur le revenu, la loi s'applique à l'impôt dû sur les revenus de l'année N ;

– qu'en matière d'impôt sur les sociétés, elle s'applique à l'impôt dû sur le résultat des exercices clos le 31/12/N ;

– qu'en ce qui concerne les autres dispositions fiscales, elles entrent en vigueur le 1er janvier de l'année budgétaire concernée (1/1/N+1).

Effets des décrets d'application

Considérons les trois situations suivantes.

Situation 1 : la loi se suffit à elle-même. Dans ce cas, son entrée en vigueur n'est pas subordonnée à la publication de décrets éventuels qui viendraient fixer « en tant que de besoin » ses modalités d'application.

Situation 2 : la loi se suffit à elle-même, sauf sur certains points secondaires pour lesquels interviendront des décrets d'application. Ces décrets, une fois publiés, prennent effet à la même date que la loi concernée.

Situation 3 : la loi ne se suffit pas à elle-même et se contente d'énoncer le principe d'une mesure, le gouvernement étant chargé de la mise en application. Dans ce cas, l'entrée en vigueur de la loi intervient lorsque les décrets d'application sont pris.

Rôle des instructions et des circulaires administratives

Les instructions et les circulaires administratives assurent la mise en œuvre des textes fiscaux et ont une grande importance pratique. En principe, elles sont sans valeur juridique si elles sont contraires à la loi ; ainsi, le contribuable peut invoquer l'illégalité d'instructions qui seraient plus sévères que la loi. En revanche, lorsque les instructions sont moins sévères que la loi, elles sont opposables à l'Administration au cas où l'interprétation de la loi faite par cette dernière viendrait à changer : le contribuable dispose donc d'une garantie contre les changements de doctrine administrative. En cas de conflit avec l'Administration, le contribuable a le droit d'attaquer la décision administrative devant les tribunaux (p. 157).

La fiscalité des personnes physiques

L'impôt frappe les personnes physiques selon leur revenu ou leur patrimoine. On notera que la TVA (étudiée plus loin) est un impôt général sur la dépense.

L'imposition du revenu

- L'imposition du revenu est celle qui, dans l'esprit des personnes physiques, est associée le plus nettement à la notion de prélèvement obligatoire. L'impôt sur le revenu (IR) a été institué en 1914. Il frappe systématiquement et régulièrement les sommes reçues par le contribuable et destinées à sa consommation et à son épargne.
- La loi fiscale ne donne pas de définition du revenu, et la jurisprudence ne permet pas d'en avoir une claire compréhension. Deux conceptions peuvent être retenues : la conception juridique, selon laquelle le revenu est à rapprocher de la notion de fruit, ce qui implique que le revenu est périodique et renouvelable, et la conception économique, plus large, qui définit le revenu comme étant ce que l'individu peut consommer sans s'appauvrir (revenu = tout enrichissement, renouvelable ou non). Actuellement, les plus-values sont intégrées dans l'assiette de l'impôt sur le revenu, conformément à la conception économique ; cependant, certains gains monétaires (gains aux jeux, libéralités, par exemple) échappent à l'impôt sur le revenu, ce qui montre les hésitations de la jurisprudence.
- Dans la pratique, la loi fiscale a délimité précisément les différentes catégories de revenus imposables, au nombre de sept : traitements, salaires, pensions et rentes viagères ; revenus fonciers ; bénéfices agricoles (BA) ; bénéfices non commerciaux (BNC) ; revenus des capitaux mobiliers ; bénéfices industriels et commerciaux (BIC) ; rémunérations de certains dirigeants de sociétés. Les revenus bruts sont diminués des dépenses effectuées en vue de l'acquisition et de la conservation du revenu. Les textes relatifs à ces différentes catégories de revenus précisent les charges déductibles du revenu brut.

L'imposition du patrimoine

- *Acquisition du patrimoine.* Il s'agit des droits d'enregistrement, qui sont supportés lors de l'achat d'un immeuble ou à l'entrée en possession des biens reçus par succession ou donation.
- *Détention du patrimoine.* On peut citer ici la taxe foncière, supportée chaque année par les propriétaires de biens immobiliers, la taxe d'habitation, qui est payée annuellement par tout occupant d'un logement (propriétaire ou locataire), et l'impôt sur la fortune immobilière (IFI), frappant chaque année les détenteurs d'un patrimoine important, supérieur à un certain seuil.
- *Cession du patrimoine.* Les éléments du patrimoine cédés sont imposés sur la plus-value réalisée, qu'il s'agisse d'une plus-value réalisée lors de la vente d'un bien immobilier ou à l'occasion de la cession de valeurs mobilières (actions, parts sociales, obligations, titres de Sicav ou de FCP). Les plus-values de cession sont intégrées dans la base de calcul de l'impôt sur le revenu, avec des modalités particulières, et forment une huitième catégorie de revenus imposables.

TABLEAU RÉCAPITULATIF

Les impôts frappant les personnes physiques

Imposition	Bases ou circonstances de l'imposition	Impôts
Revenu	Sept catégories de revenus, plus une : 1. Traitements, salaires, pensions et rentes viagères (p. 12) 2. Revenus fonciers (p. 16) 3. Bénéfices agricoles (p. 18) 4. Bénéfices non commerciaux (p. 20) 5. Revenus des capitaux mobiliers (p. 22) 6. Plus-values de cession (p. 24) 7. Bénéfices industriels et commerciaux (p. 26) 8. Rémunérations de certains dirigeants de sociétés (p. 38)	Impôt sur le revenu (IR) (impôt annuel unique et progressif établi par foyer et calculé sur le montant net global des revenus ci-contre).
Patrimoine	1. Acquisition du patrimoine	Droits d'enregistrement – lors de l'achat d'un immeuble, – en cas de succession ou de donation.
	2. Détention du patrimoine	Taxe foncière (propriétés bâties et non bâties). Taxe d'habitation. Impôt sur la fortune immobilière.
	3. Cession du patrimoine	Imposition des plus-values – lors de la vente d'un bien immobilier, – en cas de cession de valeurs mobilières.

Imposition des plus-values : cas des personnes physiques exploitant une entreprise

Il s'agit des industriels, commerçants, artisans, agriculteurs, membres des professions libérales, qui ont, au regard de l'impôt sur le revenu, deux patrimoines :

– leur patrimoine professionnel (fonds de commerce, machines, stocks…) figurant à l'actif du bilan de leur entreprise,

– leur patrimoine privé, avec tous leurs autres biens.

Les plus-values de cession d'éléments de leur patrimoine privé sont imposées comme celles réalisées par des particuliers, selon le régime dit des « plus-values des particuliers » (p. 24). Au contraire, les plus-values de cession des éléments de l'actif professionnel relèvent d'un régime différent : le régime des « plus-values professionnelles » (p. 32).

Il est à noter que les plus-values sur certains éléments de l'actif professionnel réalisées par les petites entreprises relèvent, dans certaines conditions, du régime des « plus-values des particuliers ».

Personnes imposables à l'impôt sur le revenu

L'impôt sur le revenu frappe le revenu imposable des personnes physiques (individus, ménages, membres des sociétés de personnes).

Le domicile fiscal

Deux catégories de personnes physiques sont imposables à l'IR :
– celles ayant leur domicile fiscal en France, imposables sur l'intégralité de leurs revenus, de source française et de source étrangère ;
– celles n'ayant pas leur domicile fiscal en France et imposables uniquement sur leurs revenus de source française.

Selon le Code général des impôts (CGI), un contribuable est fiscalement domicilié en France s'il répond à l'un ou l'autre des trois critères suivants :
– critère d'ordre personnel : avoir son foyer ou le lieu de son séjour principal en France (critère rempli si la personne réside plus de 183 jours en France au cours d'une année) ;
– critère d'ordre professionnel : exercer en France une activité professionnelle, salariée ou non, à moins que cette activité soit exercée à titre accessoire ;
– critère d'ordre économique : avoir en France le centre de ses intérêts économiques (revenus de capitaux possédés en France, principalement).

Des dérogations sont apportées aux règles normalement applicables par les conventions internationales conclues par la France avec de nombreux pays étrangers. Ainsi, la personne étrangère domiciliée fiscalement en France ne sera pas imposable, totalement ou partiellement, en France sur les revenus de source étrangère s'il existe une clause dérogatoire adéquate.

L'imposition par foyer

Les personnes mariées ou liées par pacs sont soumises à une imposition commune pour les revenus du foyer (revenu de chaque époux ou pacsé + revenus des enfants à charge). Les revenus des enfants à charge peuvent être imposés séparément à la demande des parents.

Les époux séparés de biens et n'habitant pas ensemble sont imposés séparément.

Les personnes non mariées, même vivant en concubinage, sont soumises à des impositions distinctes.

Les membres des sociétés de personnes

Les bénéfices des sociétés de personnes (à la différence des bénéfices des sociétés de capitaux, soumis à l'impôt sur les sociétés) sont imposables directement entre les mains des associés, chacun en proportion de sa part dans le capital de la société, et cela dès la réalisation du bénéfice, avant toute affectation. Ce régime s'applique notamment aux sociétés en nom collectif et aux sociétés civiles exerçant une activité non commerciale, sauf si ces sociétés ont opté expressément pour être soumises à l'impôt sur les sociétés.

LES CARACTÈRES DU REVENU IMPOSABLE

C'est un revenu global

La loi fiscale a défini sept catégories différentes de revenus (p. 8 et 9), qui composent le revenu global du contribuable. La loi soumet également à l'impôt sur le revenu (suivant des règles spéciales) les profits réalisés par les personnes physiques à l'occasion de la cession à titre onéreux d'éléments de leur patrimoine privé. Le contribuable doit déclarer ses revenus de source française et de source étrangère, sauf exceptions déjà vues ci-contre.

C'est un revenu familial

L'imposition est faite par foyer, et pour le calcul de l'impôt sur le revenu, le revenu global du foyer est amputé des charges de famille.

– *Mariage au cours de l'année.* Depuis l'imposition des revenus de 2011, une seule déclaration doit être souscrite par le nouveau couple.

– *Divorce au cours de l'année.* Chacun des époux ou ex-époux doit déposer une déclaration distincte.

– *Décès.* Le conjoint survivant doit déclarer les revenus perçus par le défunt et par le couple jusqu'à la date du décès et déposer une déclaration pour les revenus perçus entre la date du décès et le 31 décembre.

C'est un revenu annuel, net, disponible

– *Un revenu annuel*. Le CGI pose le principe de l'annualité de l'impôt. C'est le revenu de l'année civile qui est imposable. Lorsque l'industriel ou le commerçant arrête son exercice (= période comptable à la fin de laquelle les comptes sont arrêtés pour calculer le résultat et présenter le bilan) à une date différente du 31 décembre, il inclut dans le revenu imposable de l'année N les bénéfices de l'exercice clos au cours de ladite année N.

– *Un revenu net*. Le CGI pose un principe général : les revenus bruts doivent être réduits des « dépenses effectuées en vue de l'acquisition et de la conservation du revenu ». Les dépenses effectuées en vue de l'acquisition du revenu sont les frais supportés pour obtenir le revenu, qui sont déterminés limitativement par le fisc, tandis que les dépenses effectuées en vue de la conservation du revenu sont les frais (comme les frais d'entretien et de réparation) destinés à maintenir l'existence du capital engendrant le revenu. Des textes particuliers précisent, pour chaque catégorie de revenus (revenus fonciers, BIC, BNC, etc.), les charges déductibles, étant entendu que ces textes sont parfois dérogatoires par rapport au principe général posé plus haut. Par ailleurs, certaines charges peuvent être déduites directement du revenu global ou engendrer une réduction de l'impôt calculé sur ce revenu global.

– *Un revenu disponible*. Un revenu est disponible lorsque le contribuable peut le percevoir selon sa volonté (par exemple, revenu porté au crédit de son compte bancaire). Des exceptions existent. Ainsi, les revenus des valeurs mobilières, (actions, obligations, etc.) ne sont imposables que lorsqu'ils sont effectivement encaissés. Mais les associés des sociétés de personnes sont imposables sur leur part de bénéfices, même si ces bénéfices ne sont pas distribués.

Traitements, salaires, pensions et rentes (1)

Les traitements et salaires comprennent les rémunérations des personnes placées dans un état de subordination juridique vis-à-vis de leur employeur.

Définition

Les traitements et salaires comprennent toutes les rémunérations versées à une personne à l'occasion d'une profession salariée exercée dans le secteur public ou privé. La loi range également dans cette catégorie d'autres types de rémunérations :
- les rémunérations versées aux dirigeants de sociétés anonymes et aux gérants minoritaires de SARL, si elles ne sont pas excessives ;
- les gains perçus par les représentants de commerce ;
- les rémunérations des journalistes titulaires de la carte professionnelle ;
- les commissions des agents généraux d'assurance et de leurs sous-agents ;
- les droits d'auteur des écrivains et compositeurs s'ils sont déclarés intégralement par les personnes versantes ;
- les allocations de chômage et de préretraite ;
- les jetons de présence spéciaux : rémunérations attribuées à certains administrateurs pour leur fonction de direction ;
- les pourboires.

Sont exonérées :
- les heures supplémentaires et complémentaires ;
- la fraction du salaire des apprentis inférieur au montant annuel du SMIC ;
- les sommes reçues au titre de la participation ;
- les sommes reçues au titre de l'intéressement et affectées dans un PEE (plan d'épargne entreprise) ou dans un PERCO (plan d'épargne pour la retraite collectif).

Les pensions et rentes imposables comprennent :
- les pensions de retraite ; les pensions d'invalidité servies par les régimes de Sécurité sociale (sauf exonération expressément prévue) ;
- les pensions alimentaires versées à titre obligatoire (en vertu d'un jugement, d'un acte ou de l'obligation alimentaire prévue par le Code civil entre ascendants et descendants et entre époux) ;
- les rentes temporaires versées en application d'un régime de prévoyance obligatoire ; les rentes viagères, qui ont normalement pour terme le décès du bénéficiaire.

Traitements et salaires : la déduction des frais professionnels

Du total des rémunérations indiquées ci-dessus, le salarié peut déduire le montant de ses frais professionnels. En principe, cette déduction s'effectue de façon forfaitaire. Cependant, le salarié, lorsqu'il considère que la déduction forfaitaire est insuffisante, peut choisir de déduire ses frais professionnels réels, à condition d'en justifier les montants.

CALCUL DE LA DÉDUCTION DES FRAIS PROFESSIONNELS

La déduction forfaitaire ou l'option pour la déduction des frais réels

Le salarié peut déduire forfaitairement de ses salaires et traitements déclarés une somme égale à 10 % de ceux-ci, pour frais professionnels. Exemple :

Salaire annuel déclaré	30 000
Déduction forfaitaire de 10 %	3 000
Salaire net	27 000

Pour les revenus de 2019, cette déduction de 10 % comporte un minimum de 441 € et un maximum de 12 627 €.

Les remboursements de frais sur états à des salariés dirigeants ou non dirigeants, ainsi que les allocations forfaitaires à des salariés non dirigeants, sont exonérés d'impôt (s'ils sont utilisés conformément à leur objet). Il s'agit de frais ne correspondant pas normalement aux dépenses couvertes par le forfait de 10 %, lesquelles comprennent les frais de transport, de restauration, les dépenses vestimentaires.

En revanche, les allocations forfaitaires pour frais versées à des salariés dirigeants ne sont pas exonérées d'impôt. Elles doivent être ajoutées à la rémunération et la déduction forfaitaire de 10 % est calculée sur le total.

Le salarié peut opter pour la déduction des frais réels plutôt que pour la déduction forfaitaire de 10 %. Dans ce cas, s'il a reçu des indemnités représentatives de frais, il doit les incorporer au salaire déclaré et joindre à sa déclaration un état détaillé des frais réels, avec leur justification.

Exemple :

	Déduction forfaitaire de 10 %	**Frais réels**
Rémunération annuelle	30 000	30 000
Indemnité pour frais	exonérée d'impôt	4 000
Total	30 000	34 000
Frais professionnels	3 000 (10 % de 30 000)	6 000
Salaire net	27 000	28 000

Dans cet exemple, l'option pour les frais réels n'est avantageuse que si ces derniers dépassent 27 000 €.

Cas 1 : salarié X avec déduction forfaitaire des frais de 10 %	Salaire annuel déclaré (2 000 € par mois)	24 000
	Déduction forfaitaire de 10 % : 24 000 € × 10 %	2 400
	Salaire imposable : 24 000 – 2 400	21 600
Cas 2 : salarié Y avec déduction forfaitaire des frais de 10 %	Salaire annuel déclaré (15 000 € par mois)	180 000
	Déduction forfaitaire de 10 % : 18 000 €, limitée à	12 627
	Salaire imposable : 180 000 – 12 627	167 373

Traitements, salaires, pensions et rentes (2)

Le salaire est constitué de l'ensemble des sommes perçues au cours de l'année civile auxquelles s'ajoutent les avantages en nature.

Traitements et salaires : les rémunérations à déclarer

- Les rémunérations à déclarer sont celles effectivement payées au cours de l'année civile écoulée (en espèces, par chèque, par virement ou par inscription en compte). Les avantages en nature s'ajoutent aux rémunérations proprement dites (voir ci-après).
- Le salaire perçu, après application des différentes cotisations, n'est pas le salaire à déclarer. En effet, il faut y ajouter la CRDS (voir p. 48) ainsi que la quote-part de CSG non déductible. Le total constitue le salaire brut imposable, avant application des abattements.
- Les cotisations sociales versées par le salarié au titre de régimes de retraites complémentaires auquel il est conventionnellement affilié à titre obligatoire sont soumises à des plafonds de déduction (montant maximal de 25 935 € pour les revenus 2019). La fraction des cotisations versées par l'employeur sur une mutuelle d'entreprise devient imposable. Ces cotisations doivent être réintégrées au salaire imposable.

Valorisation des avantages en nature

- Les avantages en nature consistent en la mise à disposition d'un bien ou en la fourniture d'un service gratuitement ou pour une valeur modique permettant aux salariés de faire l'économie de frais qu'ils auraient normalement dû supporter.
- La fourniture d'un repas est évaluée forfaitairement à 4,85 €. La mise à disposition d'un logement est évaluée soit forfaitairement, soit, sur option de l'employeur, d'après la valeur locative cadastrale du logement.

L'utilisation d'un véhicule et d'outils informatiques fait également l'objet d'un calcul spécifique.

- Les autres avantages en nature sont évalués d'après leur valeur réelle.

Pensions et retraites : les conditions d'imposition

- Les pensions de retraite ou d'invalidité et rentes viagères sont imposées dans les mêmes conditions que les salaires, avec quelques particularités.
- Les personnes qui ont eu trois enfants ou plus perçoivent une pension retraite (régime général de base) majorée de 10 %. Depuis janvier 2014, cette majoration de pension retraite est incluse dans les revenus perçus.
- Les titulaires de pensions et de rentes viagères à titre gratuit bénéficient d'une déduction forfaitaire de 10 %, plafonnée à 3 850 € par foyer fiscal.
- Les rentes viagères constituées à titre onéreux ne sont imposables que pour une fraction de leur montant déterminé d'après l'âge du crédirentier lors de l'entrée en jouissance de la rente. La déduction forfaitaire de 10 % ne s'applique pas.

COMPLÉMENTS

Déduction des frais réels de transport

Lorsqu'un salarié opte pour le régime des frais réels, il peut déduire de sa rémunération les frais correspondant à l'usage professionnel de son véhicule personnel ainsi que les frais de nourriture.

– *Imposition selon le barème fiscal.* Le recours au barème fiscal est désormais prévu expressément par la loi. Celui de 2017 est limité à la puissance fiscale de 7 CV.

Barème kilométrique automobile 2019

Barème kilométrique : Voitures

Puissance administrative	Jusqu'à 5 000 km	De 5 001 à 20 000 km	Au-delà de 20 000 km
3 CV et moins	d × 0,456	(d × 0,273) + 915	d × 0,318
4 CV	d × 0,523	(d × 0,294) + 1 147	d × 0,352
5 CV	d × 0,548	(d × 0,308) + 1 200	d × 0,368
6 CV	d × 0,574	(d × 0,323) + 1 256	d × 0,386
7 CV et plus	d × 0,601	(d × 0,34) + 1 301	d × 0,405

(d représente la distance parcourue en kilomètres)

– *Imposition selon les frais réels de véhicule.* Si le salarié n'utilise pas le barème forfaitaire automobile, les frais réels déductibles, autres que les frais de péage, de garage ou de parking et les intérêts d'emprunt du véhicule utilisé, ne peuvent pas excéder le montant qui serait admis en déduction en application du barème kilométrique, à distance parcourue identique, pour un véhicule d'une puissance administrative maximale de 7 CV.

Exemple :
Un salarié utilise son véhicule personnel de 10 CV pour effectuer ses déplacements professionnels. Il effectue 35 000 kilomètres en 2019. Selon le dernier barème, la déduction sera de 35 000 x 0,405 = 14 175 €
Même s'il n'utilise pas le barème, le total des frais sera tout de même plafonné à 14 035 €.

– *Déduction des frais de nourriture.* Les frais sont évalués différemment selon qu'il y a un mode de restauration collective sur le lieu de travail (prix du repas – 4,85 €) ou non (4,85 € par repas). Dans tous les cas, la participation de l'employeur à l'acquisition des titres-restaurant doit être déduite.

Si la distance entre domicile et lieu de travail n'excède pas 40 km, aucune justification n'est à apporter concernant le choix de la résidence ; si cette distance est supérieure à 40 km, il faut justifier de circonstances particulières liées à l'emploi pour obtenir la déduction des frais engagés au-delà de 40 km. N'est admis qu'un seul aller-retour quotidien. Les frais réels qui peuvent être déduits sont supérieurs à la déduction forfaitaire. Par conséquent, le salarié a intérêt à opter pour les frais réels.

	Déduction des frais réels		Déduction forfaitaire
Comparaison déduction forfaitaire / déduction des frais réels	Salaire annuel déclaré (2 500 € par mois)	30 000 €	30 000 €
• 220 jours de travail par an réels / forfaitaire • Distance domicile-lieu de travail : 15 km	Déduction des frais	(6 600 × 0,323) + 1 256 = 3 388 €	3 000 € (10 % de 30 000)
• D = 15 × 2 × 220 = 6 600 km • Voiture personnelle : 6 CV	Salaire imposable	30 000 – 3 388 = 26 612 €	30 000 – 3 000 = 27 000

Les revenus fonciers

Les revenus fonciers proviennent des immeubles loués nus, par leur propriétaire ou par la société civile immobilière dont le contribuable est associé, et des propriétés rurales. Le revenu foncier imposable est la différence entre les loyers encaissés et les charges payées au cours de l'année.

Définition des revenus fonciers

Ils comprennent les revenus des immeubles bâtis et des propriétés non bâties (terres agricoles) loués par leur propriétaire direct.

Ils comprennent également :
- les revenus des locaux qui sont juridiquement la propriété d'une société immobilière de copropriété dont le contribuable est membre et censé être propriétaire du local correspondant à ses parts sociales (= transparence fiscale) ;
- la fraction des revenus locatifs encaissés par les sociétés civiles immobilières non transparentes et non soumises à l'IS, dont est membre le contribuable.

Ils ne comprennent pas :
- les revenus des locaux loués meublés à titre habituel, qui se rattachent aux BIC ;
- les revenus tirés d'une sous-location, qui relèvent des BNC (local nu) ou des BIC ;
- les revenus des immeubles inscrits à l'actif d'une entreprise industrielle, commerciale ou artisanale, qui sont inclus dans le bénéfice de l'entreprise.

La détermination du revenu foncier imposable

Le revenu foncier imposable est obtenu par différence entre le revenu brut et les charges déductibles (régime réel normal).

Le revenu brut. Il s'agit du loyer effectivement encaissé au cours de l'année considérée. S'y ajoutent certaines recettes exceptionnelles : droit d'entrée versé par le locataire, indemnité de renouvellement du bail, droit d'exploitation de carrières, etc., ainsi que les recettes engendrées par la location du droit de propriété ou d'usufruit.

Les charges déductibles sont les charges effectivement payées au cours de l'année considérée, à l'exception des dépenses payées par le propriétaire et incombant normalement au locataire, comprenant :
- les dépenses d'entretien et de réparation ;
- les frais d'administration et de gestion ;
- des déductions spécifiques (application d'un dispositif fiscal particulier) ;
- les dépenses pour l'acquisition ou la conservation des revenus fonciers, les intérêts d'emprunts, les assurances, les travaux…

Les charges à déclarer sont TTC. Par contre, si le loyer est assujetti à la TVA, ce sont des recettes et des dépenses HT qu'il faut déclarer.

Le revenu net foncier correspond à la différence entre les recettes et les dépenses. Celui-ci peut représenter soit un bénéfice brut, soit un déficit. Ce déficit est directement imputable au revenu global dans la limite de 10 700 € par an. Le déficit est reportable sur 10 ans (voir p. 17).

CAS D'UN DÉFICIT FONCIER

Régime micro-foncier et imputation du déficit foncier

Si le revenu brut foncier annuel n'excède pas 15 000 €, le régime du micro-foncier est applicable de plein droit. Le contribuable porte le revenu brut foncier directement sur sa déclaration de revenus (n° 2042). Le revenu net foncier imposable est égal à 70 % des revenus perçus en 2018. Toutefois, le régime du micro-foncier ne permet pas de constater un déficit. En cas de dépassement du seuil ou en cas d'option (pour 3 ans) du contribuable, le régime réel normal est applicable immédiatement. Le contribuable doit alors fournir une déclaration n° 2044 jointe à sa déclaration n° 2042. Si une perte est constatée, ce déficit foncier n'est pas, en principe, déductible des autres revenus ; il sera reportable sur les revenus fonciers des dix années suivantes. Dans deux cas, cependant, l'imputation du déficit foncier sur les autres revenus du contribuable est admise :

– *premier cas* : sans limite de montant, notamment pour les charges des monuments historiques et les travaux de restauration d'un immeuble situé dans un secteur sauvegardé ;

– *deuxième cas* : dans une limite annuelle de 10 700 € et appliquée automatiquement pour la part du déficit provenant des charges autres que les intérêts d'emprunt (à condition que le logement ne cesse pas d'être affecté à la location dans les trois années suivantes). Cette limite est portée à 15 300 € en cas d'amortissement Périssol.

Gestion du déficit foncier

Voici les informations extraites des trois déclarations 2044 :

	Situation 1	**Situation 2**	**Situation 3**
Loyers encaissés	7 500	5 200	5 000
Intérêts des emprunts	6 000	3 000	6 000
Autres charges	13 000	2 600	15 000
Revenu ou déficit	– 11 500	– 400	– 16 000

– *Situation 1* : le déficit est supérieur à la limite de 10 700 €. Le montant du déficit reportable sur les dix prochaines années est de : 11 500 – 10 700 = 800 €. La partie du déficit imputable au revenu global est de 10 700 €.

– *Situation 2* : le déficit de 400 € est totalement imputable sur le revenu global.

– *Situation 3* : le déficit de 16 000 € est supérieur aux autres charges et à la limite de 10 700 €. Ce déficit trouve son origine dans les intérêts d'emprunts pour un montant de : 6 000 – 5 000 = 1 000 €. Le montant du déficit reportable sur les dix prochaines années est de : 15 000 – 10 700 = 4 300 € plus les 1 000 € liés aux intérêts d'emprunts.

Les bénéfices agricoles

Les bénéfices agricoles constituent une catégorie particulière de revenus. Cependant, le régime d'imposition du bénéfice agricole réel normal est très semblable à celui applicable en matière de bénéfices industriels et commerciaux.

Définition

- Les bénéfices agricoles comprennent les revenus tirés de l'exploitation de biens ruraux (culture, élevage, exploitation forestière) par un exploitant, que ce dernier soit le propriétaire lui-même, un fermier, ou encore un métayer.
- Les bénéfices agricoles comprennent également les bénéfices des sociétés civiles exploitantes et des groupements d'agriculteurs (groupements d'exploitation en commun, groupements fonciers, groupements forestiers).

Les différents régimes d'imposition

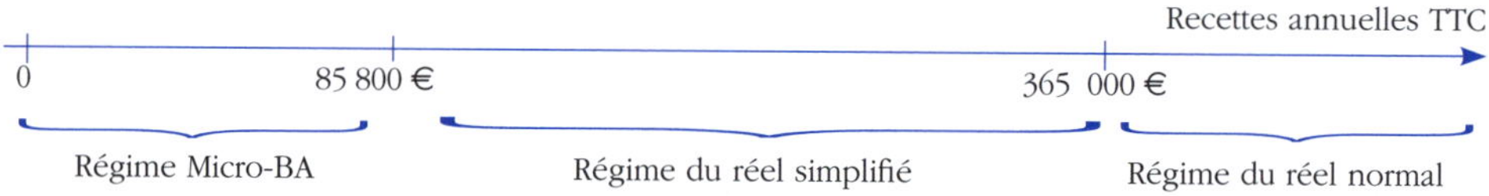

- *Le régime Micro-BA* (les recettes annuelles moyennes sont inférieures ou égales à 85 800 €). Le bénéfice imposable est déterminé à partir des recettes d'exploitation encaissées au cours de l'année civile. Les recettes sont constituées des ventes de produits de l'exploitation, des subventions d'exploitation, aides, primes, indemnités d'assurance perçues à la suite d'une calamité frappant les récoltes ou le bétail. Le bénéfice imposable est égal à la moyenne triennale des recettes des trois dernières années diminuée d'un abattement de 87 %. Le montant de cet abattement ne peut être inférieur à 305 € par an.
- *Le régime du réel simplifié* (recettes annuelles comprises entre 85 800 € et 365 000 € et sur option dans le cas où le Micro-BA devrait s'appliquer). Le bénéfice est déterminé à partir des produits et des charges, comme dans le réel normal, certains stocks étant évalués selon une méthode forfaitaire.
- *Le régime du réel normal* (recettes annuelles supérieures à 365 000 €) est proche de celui applicable en matière de BIC : tenue obligatoire d'une comptabilité, avec enregistrement en produits des sommes facturées et en charges des dépenses engagées. Cependant, des dispositions particulières tiennent compte des caractéristiques de la production agricole (voir p. 19).

LE RÉGIME DU BÉNÉFICE RÉEL

Le régime du réel normal

– La comptabilité des exploitants

Les exploitants doivent tenir une comptabilité avec un livre-journal, un livre d'inventaire, et ils doivent conserver pendant six ans les factures et autres pièces justificatives relatives aux recettes, aux dépenses et aux stocks.

Les contribuables placés sous le régime du bénéfice réel normal doivent fournir, outre la déclaration d'ensemble de leurs revenus (n° 2042), une déclaration spéciale de leurs résultats (n° 2143 pour le réel normal), accompagnée de tableaux comptables (tableau des résultats, bilan, tableau des immobilisations et amortissements, tableau des provisions, etc.).

Le résultat est calculé pour une période (= exercice) de douze mois. Il est la différence entre les produits et les charges.

• Les produits comprennent les ventes, les produits accessoires, les produits financiers, l'autoconsommation (estimée au coût de revient) et, en général, les primes et subventions perçues.

• Les charges déduites sont celles nécessitées par l'activité et les règles applicables sont celles relatives aux BIC, notamment pour les provisions.

– Les dispositions particulières concernant les immobilisations

Les immobilisations au bilan comprennent les bâtiments d'exploitation, les locaux où est logé le personnel salarié et la maison de l'exploitant, si elle fait partie intégrante de l'exploitation. Les terres, les plantations, les améliorations foncières (défrichement, drainage…) doivent être inscrites à l'actif du bilan. En cas de cession d'éléments d'actif, les plus-values et moins-values sont calculées et imposées selon les mêmes règles que les BIC, avec certaines dispositions particulières. Les règles d'amortissement sont celles applicables aux BIC, avec des durées d'amortissement particulières.

– Les stocks à rotation lente

Les stocks de produits et d'animaux peuvent être comptabilisés à la valeur déterminée à la clôture de l'exercice suivant celui au cours duquel ils ont été portés en stock, ce qui implique le blocage de la valeur de ces produits ou animaux détenus depuis plus d'un an. Les frais d'entretien et de conservation engagés après cette date sont immédiatement déductibles des bénéfices.

– Les autres dispositions particulières

De nombreux abattements et déductions interviennent en faveur des exploitants : abattement de 50 % en faveur des jeunes agriculteurs pendant les 60 premiers mois d'activité, réduction d'impôt pour frais de tenue de comptabilité, aide fiscale au profit des jeunes agriculteurs, déduction pour investissement (financement d'immobilisations amortissables et de stocks), échelonnement des bénéfices exceptionnels.

Le régime du réel simplifié

Le résultat imposable est déterminé, de manière générale, selon les règles applicables au réel normal. Cependant, des dispositions propres au régime simplifié concernent les stocks, dont l'évaluation obéit à des règles particulières : coût de revient pour les matières premières, cours du jour avec décote pour les autres produits et animaux. Aucune provision ne peut être constituée (sauf spiritueux).

Bénéfices non commerciaux

Ce sont les bénéfices provenant de l'exercice d'une activité libérale et de toutes autres occupations, exploitations lucratives et sources de profit ne se rattachant pas à une autre catégorie de revenus.

Les quatre types de revenus concernés

Les revenus des professions libérales. Il s'agit des revenus des professions qui consistent en la pratique personnelle et en toute indépendance d'une science ou d'un art (exemples : médecins, architectes, avocats, agents généraux d'assurances, experts-comptables).

Les revenus des charges et offices sont les revenus procurés par l'exercice de fonctions publiques, dont les titulaires n'ont pas la qualité de commerçant (notaires, avoués près les cours d'appel, huissiers, commissaires-priseurs, greffiers des tribunaux de commerce).

Les rémunérations de dirigeants de sociétés. Les seules rémunérations de dirigeants imposables dans la catégorie des BNC sont les suivantes :
– rémunérations exceptionnelles perçues par des administrateurs de SA dans l'exercice de fonctions non salariées comme des missions particulières ou certains mandats (ingénieur-conseil, conseil juridique, études de marché, etc.) ;
– rémunérations perçues par les membres du conseil de surveillance d'une société en commandite par actions, d'une SARL ou d'une SA avec directoire.

Les revenus divers correspondent aux revenus de toutes occupations, exploitations lucratives et sources de profit ne se rattachant pas à une autre catégorie de revenus (exemples : écrivains, auteurs, inventeurs, guérisseurs, cartomanciennes).
N.B. : l'activité peut être exercée à titre individuel ou par une société de personnes soumise à l'impôt sur le revenu (dans ce dernier cas, chaque associé est imposé personnellement sur la part lui revenant dans le bénéfice de la société).

Le revenu imposable

Le revenu imposable est égal à la différence entre les recettes et les dépenses professionnelles de l'année civile. On retient les sommes encaissées (non les créances) et les sommes décaissées (non les dettes). Mais la loi permet, sur option, aux titulaires de BNC de déterminer leur revenu imposable à partir des créances acquises et des dépenses engagées, selon les règles de la comptabilité commerciale. Les biens durables (matériel…) sont amortis selon les règles en matière de BIC (amortissement dégressif appliqué dans le régime de la déclaration contrôlée).

Les plus-values sur cessions d'éléments de l'actif professionnel sont soumises au régime des plus-values professionnelles. Les plus-values à long terme (éléments amortissables détenus depuis plus de deux ans) sont imposées à 30 %. Les plus-values à court terme sont soumises à l'impôt sur le revenu. Les cessions (hors terrains à bâtir) effectuées par des entreprises exerçant depuis plus de cinq ans sont exonérées si le chiffre d'affaires ne dépasse pas 90 000 €.

LES RÉGIMES D'IMPOSITION

Le régime spécial BNC (ou régime micro)

Ce régime est applicable si les recettes annuelles n'excèdent pas 72 600 € hors TVA. Le taux d'abattement forfaitaire pour frais est de 34 % avec un minimum de 305 €. Le contribuable porte sur sa déclaration le montant brut de ses revenus, l'abattement forfaitaire étant calculé par l'administration fiscale. Le résultat imposable est calculé de la même manière que pour les contribuables soumis au régime de la micro-entreprise (voir p. 34). Les plus-values dégagées suite à la cession de biens de l'actif professionnel sont soumises au régime des plus-values professionnelles (voir p. 20). Les contribuables n'étant pas assujettis à la TVA, la taxe supportée lors des achats de biens et services constitue une charge. La TVA supportée sur les immobilisations est prise en compte dans le prix de revient amortissable. Les entreprises ont des obligations comptables très simplifiées : tenue d'un document, à disposition sur demande de l'Administration, d'un registre détaillant les recettes journalières. Les contribuables doivent également conserver les justificatifs. À la déclaration des revenus n° 2042 est joint un état indiquant les éléments d'identification de l'entreprise, les recettes encaissées au titre de l'année civile, le montant des plus- et moins-values réalisées dans le cadre de l'exploitation.

Le régime de la déclaration contrôlée

– *Contribuables soumis à ce régime.* Ce régime s'applique obligatoirement si le montant des recettes annuelles dépasse 72 600 €. Si les recettes annuelles sont inférieures à ce montant, les contribuables peuvent se placer sous le régime spécial BNC ou opter pour le régime de la déclaration contrôlée. L'option résulte simplement du dépôt de la déclaration n° 2035.

– *Les obligations des contribuables.* Les contribuables placés sous le régime de la déclaration contrôlée doivent tenir, au jour le jour, un livre-journal, détaillant chacune des recettes et des dépenses professionnelles, ainsi qu'un registre des immobilisations et des amortissements. La déclaration du bénéfice réel doit être souscrite sur un imprimé n° 2035 et fournie, avec la déclaration d'ensemble des revenus, avant le 1er mai. Seuls ces contribuables peuvent opter pour le calcul du résultat imposable à partir de l'excédent des créances acquises sur les dépenses engagées.

– *L'adhésion à une association de gestion agréée.* Depuis l'imposition des revenus de 2006, à défaut d'une adhésion à un centre de gestion, une majoration de 25 % est appliquée sur les revenus déclarés.

– *L'imputation des déficits.* S'il y a une perte en fin d'année au titre des BNC, celle-ci est déductible du revenu global net réalisé par le contribuable au cours de la même année, à condition que l'activité non commerciale soit exercée à titre habituel et constant et dans un but lucratif. Dans le cas où le revenu global net serait insuffisant pour couvrir le déficit, l'excédent de déficit non couvert peut être reporté sur le revenu global net des six années suivantes.

– *Comptabilisation de la TVA.* Les contribuables, obligatoirement assujettis à la TVA si leurs recettes excèdent 72 600 €, ont le choix entre la comptabilisation taxe comprise de leurs recettes et dépenses (la TVA collectée et la TVA déductible sont passées en charges) ou bien la comptabilisation hors taxes (la TVA n'a pas d'impact sur le résultat).

Les revenus de capitaux mobiliers

Ce sont : 1° les dividendes des sociétés françaises ; 2° les produits des placements ; 3° les profits sur les marchés à terme ; 4° les revenus des valeurs mobilières étrangères.

Les dividendes des sociétés passibles de l'impôt sur les sociétés

Les sociétés passibles de l'impôt sur les sociétés (IS) sont les sociétés de capitaux (SA essentiellement), les SARL et les sociétés de personnes ayant opté pour l'IS. Les dividendes des sociétés françaises imposables à l'IS entrent dans le revenu global passible de l'IR.

Les produits des placements à revenu fixe

Différents placements à revenu fixe. Ce sont les obligations et autres titres d'emprunt négociables, les créances, dépôts, cautionnements et comptes courants, les bons du Trésor, bons de caisse et bons ou contrats de capitalisation.

Régime général d'imposition. Comme les dividendes, les produits de placements à revenu fixe entrent dans le revenu global passible de l'IR. Pour les revenus perçus en 2018, un prélèvement forfaitaire non libératoire (PFNL) constitue un acompte sur l'impôt dû l'année suivante. Le prélèvement est calculé au taux de 12,8 % sur le montant brut des produits de placement à revenu fixe. Les modalités d'imposition ont lieu en deux étapes : lors du versement, les revenus sont soumis au PFNL ; l'année suivante les revenus sont soumis au PFU sauf option pour le barème progressif. Le PFNL perçu à la source s'impute sur l'IR de l'année en cours. En cas d'excédent, il est restitué.

Les contribuables dont le revenu fiscal de référence n'excède pas 25 000 € (célibataires, veufs, divorcés) ou 50 000 € (contribuables soumis à imposition commune) peuvent demander à être dispensés du PFNL.

Particularités pour certains produits.
– produits des contrats d'assurance vie : le PFNL est perçu au taux de 7,5 % pour les contrats dont la durée est supérieure ou égale à 8 ans et à 12,8 % pour les contrats dont la durée est inférieure à 8 ans. Les contrats de durée supérieure ou égale à 8 ans : en cas de rachat, les produits acquis ne sont soumis à l'IR qu'après application d'un abattement annuel de 4 600 € (personne seule) ou de 9 200 € (couple marié). Les prélèvements sociaux de 17,2 % sont applicables ;
– bons du trésor et bons de caisse : ils sont soumis à l'IR au taux forfaitaire (PFU) ou sur option globale au barème progressif et donnent lieu lors de leur versement au PFNL.

COMPLÉMENTS

L'imposition des dividendes

– Dividendes perçus en 2019.

L'imposition des dividendes est en deux temps : l'année du versement, les revenus sont soumis au PFNL, à titre d'acompte, l'année suivante ils sont soumis à l'IR sous déduction du PFNL. Les prélèvements sociaux sont prélevés au moment du versement (taux de 17,2 %). En cas d'option pour le barème progressif, l'abattement de 40 % est appliqué. Le PFNL est imputable sur l'impôt dû.

Les contribuables appartenant à un foyer fiscal dont le revenu fiscal de référence de N–2 est inférieur à 75 000 € (couples/pacsés) ou 50 000 € (célibataires, veufs, divorcés) peuvent demander à en être dispensés.

L'imposition des profits sur marchés à terme d'instruments financiers

Les profits réalisés sont imposés au prélèvement forfaitaire unique de 12,8 % ou sur option globale du contribuable au barème progressif de l'IR dans la catégorie « Plus-value de cession de valeurs mobilières ». Le taux des prélèvements sociaux est de 17,2 %.

L'imposition des revenus des valeurs mobilières étrangères

Ces revenus doivent être inclus dans les bases de l'impôt progressif, en principe pour leur montant net, après déduction de l'impôt retenu à l'étranger. Cependant, à la suite des conventions conclues par la France avec de nombreux pays étrangers, il est prévu que l'impôt retenu à l'étranger est imputable, en tout ou partie, sur l'impôt payable en France, constituant ainsi un crédit d'impôt.

Prélèvements sociaux sur les revenus du capital

Éléments	Taux
CSG*	9,9 %
CRDS	0,5 %
Prélèvement social	4,5 %
Prélèvement de solidarité	2 %
Contribution additionnelle	0,3 %
Total	17,2 %

* La déductibilité partielle de la CSG est ramenée à 6,8 %.

Plus-values de cession des particuliers

On distinguera les plus-values immobilières (biens cédés = immeubles) et les plus-values mobilières (biens cédés = meubles, valeurs mobilières et droits sociaux).

Objectif du régime général d'imposition des plus-values de cession

Définition de la plus-value. Une plus-value de cession est la différence entre le prix de vente et le coût d'acquisition, ces deux éléments subissant un certain nombre de correctifs.

Les personnes imposables. Sont concernées uniquement les personnes physiques réalisant des plus-values immobilières dans le cadre de la gestion de leur patrimoine privé et les sociétés de personnes non soumises à l'IS.

Les cessions à titre onéreux. Sont visées les transmissions autres que les mutations à titre gratuit (successions ou donations). Sont exclus les plus-values non encore réalisées et les gains ne provenant pas de la cession d'un bien.

Application du régime d'imposition des plus-values immobilières de cession

La plus-value est taxée lors de la cession au taux de 19 % (36,20 % avec les prélèvements sociaux).

La plus-value brute. Le prix de cession à retenir est celui stipulé dans l'acte. Il doit être majoré du montant de toutes les charges en capital et indemnités stipulées au profit du cédant. Le prix d'acquisition est le prix payé par l'acquéreur, tel que mentionné dans l'acte. Si le bien vendu a été acquis à titre gratuit, le prix d'acquisition est la valeur vénale au jour de l'opération. Le prix d'acquisition est majoré, sur justification, des frais d'acquisition à titre onéreux, retenus pour leur montant réel. À défaut de justificatifs, ces frais sont fixés forfaitairement à 7,5 % du prix d'acquisition. Le prix est également majoré, sur justificatifs, des dépenses de construction, de reconstruction, d'agrandissement, de réparation ou rénovation. En cas de vente d'un immeuble acquis depuis plus de 5 ans, ces dépenses peuvent être évaluées forfaitairement à 15 % du prix d'acquisition.

La plus-value imposable. La plus-value est réduite d'un abattement par année de détention du bien immobilier.

Au titre de l'impôt sur le revenu : abattement de 6 % pour chaque année de détention au-delà de la 5e année puis abattement de 4 % pour la 22e année révolue. Exonération totale après la 22e année.

Pour le calcul des prélèvements sociaux : abattement de 1,65 % pour chaque année de détention au-delà de la 5e année puis abattement de 1,6 % pour la 22e année révolue et abattement de 9 % au-delà de la 22e année.

La plus-value est exonérée lorsque l'immeuble représente l'habitation principale ou lorsque la cession n'excède pas 15 000 €.

COMPLÉMENTS

Exemple

Un particulier vend le 15 septembre 2020 une résidence secondaire achetée le 1er septembre 2013. La résidence est revendue 150 000 € (les frais supportés sur la vente sont de 2 000 €) pour un prix d'acquisition de 80 000 €.

Calcul de la plus-value	
Prix de cession	150 000
Déduction des frais de vente	2 000
Prix d'acquisition	80 000
Frais d'acquisition (7,5 % × 80 000)	6 000
Majoration pour travaux (80 000 × 15 %)	12 000
Prix d'acquisition modifié : 80 000 + 6 000 + 12 000	98 000
Plus-value brute (150 000 – 2 000 – 98 000)	**50 000**
Abattement de 6 % après 5 ans de détention (50 000 × 6 %)	3 000
Plus-value nette imposable (50 000 – 3 000)	47 000
Calcul de l'impôt	
Impôt sur le revenu (19 % × 47 000)	8 930
Prélèvements sociaux : 17,2 % × (50 000 – (50 000 × 1,65 %))	8 458
Total de l'imposition (8 930 + 8 458)	**17 388**

Les plus-values de cessions mobilières

La loi de finances 2018 a mis en place un prélèvement unique forfaitaire (*Flat Tax*) de 30 %.
Ce taux d'imposition comprend une imposition forfaitaire de 12,8 % pour les produits perçus à compter du 1er janvier 2018 et des prélèvements sociaux au taux global de 17,2 %. Il est possible d'opter pour le barème progressif mais uniquement sur les titres acquis avant le 1er janvier 2018.
Afin d'encourager la détention longue des parts ou actions de société, un système d'abattement pour durée de détention est prévu.

Durée de détention des titres ou droits cédés	Taux abattement
Plus de 2 ans révolus et moins de 8 ans	50 %
Plus de 8 ans	65 %

Abattement incitatif pour durée de détention

Les plus-values mobilières réalisées sur des titres PME sont réduites d'un abattement majoré :
- 50 % pour les titres détenus depuis 1 an et moins de 4 ans ;
- 65 % pour les titres détenus depuis 4 ans et moins de 8 ans ;
- 85 % pour les titres détenus au moins 8 ans.

BIC : généralités

La catégorie des bénéfices industriels et commerciaux (BIC) représente une autre composante du revenu global. Il s'agit des bénéfices des commerçants, des industriels ou des artisans, membres d'une entreprise individuelle ou d'une société de personnes non soumise à l'impôt sur les sociétés (IS).

Les domaines d'application des bénéfices industriels et commerciaux

- Les BIC concernent les bénéfices réalisés par les personnes qui exercent individuellement la profession de commerçant, d'industriel ou d'artisan. La loi assimile également à des BIC : 1° les profits réalisés par les « marchands de biens », c'est-à-dire par les personnes qui ont pour activité principale d'acheter, en vue de les vendre, des immeubles, des fonds de commerce ou des parts de sociétés immobilières ; 2° les profits réalisés par les intermédiaires pour les achats et les ventes de biens indiqués dans le point précédent ; 3° les revenus tirés de la location d'établissements industriels ou commerciaux munis du matériel et du mobilier nécessaires à l'exploitation ; 4° les revenus tirés des locations en meublé à titre habituel ; 5° les profits réalisés par les adjudicataires, concessionnaires et fermiers de droits communaux ; 6° les profits tirés par des particuliers de la vente des biens immobiliers qu'ils ont fait construire, lorsque les opérations revêtent un caractère habituel ; 7° les profits réalisés par les lotisseurs dans la vente par lots de terrains.

- Les BIC concernent également les bénéfices réalisés par une société de personnes non soumise à l'impôt sur les sociétés (IS). Ce sont alors les associés qui, à titre individuel et en proportion de leur part dans le capital de la société, sont imposables directement au titre des BIC. Les règles applicables aux entreprises individuelles sont valables pour les sociétés de personnes relevant de l'IR, avec quelques particularités étudiées plus loin (voir p. 36).

Règles générales de détermination du bénéfice imposable

- Le résultat comptable sert de base à la détermination du résultat imposable. En principe, les données comptables sont utilisées pour mesurer le résultat imposable. Mais, comme comptabilité et fiscalité n'obéissent pas à la même logique, il faut retraiter le résultat comptable pour obtenir le résultat fiscal. En particulier, la loi fiscale refuse la déduction de certaines charges comptabilisées comme, par exemple, les dépenses de nature personnelle des associés inscrites en charges, les dépenses somptuaires, les amendes et pénalités, différents amortissements ou encore certains impôts.

- Dans le cas d'une entreprise individuelle, il faut distinguer les éléments affectés à l'exploitation et ceux restant dans le patrimoine privé de l'exploitant. Seuls les produits et les charges relatifs aux biens affectés à l'exploitation sont retenus pour la détermination du bénéfice imposable. L'actif professionnel est celui qui a été librement inscrit au bilan de l'exploitant. Cette règle s'applique également aux éléments du passif comme les dettes.

- Les règles de détermination du bénéfice imposable dans la catégorie des BIC sont, sous réserve de certaines particularités, les mêmes que celles qui s'appliquent au bénéfice des sociétés de capitaux soumises à l'impôt sur les sociétés (IS).

MÉTHODE DE DÉTERMINATION DU RÉSULTAT IMPOSABLE

L'article 38 du Code général des impôts (CGI)

C'est un article fondamental qui donne deux démarches pour obtenir le bénéfice imposable. Le texte du CGI est le suivant : « Le bénéfice imposable est le bénéfice net déterminé d'après le résultat d'ensemble des opérations de toute nature effectuées par les entreprises, y compris notamment les cessions d'éléments quelconques de l'actif, soit en cours, soit en fin d'exploitation.

Le bénéfice net est constitué par la différence entre les valeurs de l'actif net à la clôture et à l'ouverture de la période dont les résultats doivent servir de base à l'impôt, diminuée des suppléments d'apport et augmentée des prélèvements effectués au cours de cette période par l'exploitant ou par les associés. L'actif net s'entend de l'excédent des valeurs d'actif sur le total formé au passif par les créances des tiers, les amortissements et les provisions justifiées. » Ces deux démarches doivent aboutir au même montant de bénéfice.

– *Première démarche : le bénéfice imposable tient compte des résultats des opérations de toute nature réalisées au cours de l'exercice.* Autrement dit, le bénéfice imposable est calculé à partir de tous les enrichissements (= de tous les produits) et de tous les appauvrissements (= de toutes les charges) rattachés à l'exercice annuel : bénéfice imposable = produits – charges. Cette première démarche est celle qu'utilisent les comptables pour déterminer le résultat.

– *Deuxième démarche : le bénéfice imposable est la différence entre la richesse (= l'actif net) à la clôture de l'exercice et la richesse (= l'actif net) à l'ouverture.* Il faut évidemment ne retenir que l'enrichissement net provenant de l'activité et éliminer les apports et les retraits en capital pendant l'exercice : bénéfice imposable = actif net à la clôture – actif net à l'ouverture. Cette deuxième démarche est utilisée par les tribunaux pour juger que tout enrichissement, quel qu'il soit, fait partie du bénéfice imposable.

Pratique de la détermination du résultat imposable

C'est à partir des produits et des charges qu'est déterminé le résultat en comptabilité et en fiscalité. Le bénéfice imposable est la différence entre les produits imposables et les charges déductibles. Dans les produits, peuvent être distingués les produits d'exploitation (ventes de biens et de services) et les profits accessoires (ou revenus accessoires). Les charges déductibles comprennent les achats consommés, les frais généraux, les amortissements et les provisions. Les plus-values et les moins-values sur cessions d'immobilisations font partie du bénéfice imposable mais sont étudiées à part car elles obéissent à un régime particulier.

En résumé

Bénéfice imposable = (ventes – achats consommés) + profits accessoires – frais généraux – amortissements – provisions + plus-values de cession – moins-values de cession
avec : bénéfice brut professionnel = ventes – achats consommés

BIC : détermination du résultat imposable (1)

Les produits imposables comprennent le bénéfice brut professionnel, ou bénéfice d'exploitation, et les profits accessoires.

La territorialité de l'impôt

Alors que l'impôt sur les sociétés (IS) ne s'applique qu'aux seuls bénéfices réalisés dans les entreprises exploitées en France, l'impôt sur le revenu (IR) frappe un revenu global non limité territorialement, et les BIC soumis à l'IR comprennent les résultats obtenus à la fois en France et à l'étranger.

Le bénéfice brut professionnel ou bénéfice d'exploitation

- Le bénéfice brut professionnel est égal à la différence entre les ventes et les achats consommés. On appelle « achats consommés » la somme des achats et de la variation des stocks. La variation des stocks liée aux achats est définie comme la différence entre le stock à l'ouverture de l'exercice (stock initial) et le stock à la clôture du même exercice (stock final).
- *Ventes et non-recettes, achats et non-achats payés.* En application de la comptabilité d'engagements (voir IS), sont prises en compte, outre les recettes et dépenses enregistrées au cours d'un exercice, toutes les créances acquises et les dettes certaines dans leur principe et leur montant. Une créance est acquise au moment de la livraison des biens ou de l'achèvement des prestations de services, au fur et à mesure de leur exécution pour les prestations continues (contrats de location, d'entretien, etc.), à la date de réception pour les travaux d'entreprise (ou à la date de mise à disposition du maître de l'ouvrage).
- *L'évaluation des créances et des dettes.* Les créances et dettes libellées en euros figurent au bilan pour leur valeur nominale, ou pour leur valeur de remboursement si elle est supérieure. Lorsqu'elles sont libellées en devises étrangères, elles doivent être retenues pour leur valeur réelle à la clôture de l'exercice, et les écarts de conversion qui en résultent (gains et pertes de change latents) doivent être réintégrés (gain latent) ou déduits (perte latente) du résultat imposable.
- *L'évaluation des stocks* : voir p. 65.

Le principe de liberté d'affectation comptable

Le bénéfice imposable coïncide avec la variation de l'actif net, lequel dépend des éléments actif et passif inscrits au bilan. Normalement, l'exploitant devrait faire figurer dans le bilan de son entreprise les biens professionnels (fonds de commerce, machines, stocks, etc.). Or, pour la détermination du résultat imposable exclusivement, l'exploitant est libre d'inscrire au bilan de son entreprise, donc dans son patrimoine professionnel, les biens et les dettes qu'il juge bon de retenir. Par exemple, s'il est imposable suivant le régime du bénéfice réel, il peut inscrire à l'actif du bilan de son entreprise sa résidence principale ou secondaire. S'il est au régime micro, il peut seulement décider d'inscrire ses biens professionnels dans son patrimoine privé, mais non ses biens privés dans son actif professionnel.

PROFITS ACCESSOIRES

Les revenus fonciers

Le chef d'entreprise a toute liberté pour inscrire au bilan de son entreprise les immeubles dont il est propriétaire, qu'il s'agisse de biens professionnels ou de biens privés. Mais son choix a des conséquences en matière d'imposition : son intérêt est d'inscrire à l'actif les biens professionnels pour pouvoir déduire les charges qu'ils supportent ; l'inscription des biens privés entraîne également la déductibilité des charges, mais le régime d'imposition des plus-values de cession est défavorable (par exemple, si la résidence principale de l'exploitant est inscrite à l'actif, sa cession ne bénéficie pas de l'exonération prévue dans le cadre des plus-values de cession des particuliers).

Bénéfices non commerciaux et bénéfices agricoles accessoires

Lorsqu'une activité non commerciale ou une activité agricole est exercée accessoirement par un industriel ou un commerçant, c'est-à-dire lorsque cette activité est le prolongement direct de l'activité principale industrielle et commerciale (par exemple, un boucher qui élève des animaux de boucherie) et ne représente qu'une faible fraction du chiffre d'affaires total, les résultats de cette activité annexe sont assimilés à des BIC et imposés comme tels.

Les subventions

Les subventions reçues par une entreprise doivent être normalement intégrées dans le résultat de l'exercice au cours duquel a eu lieu le versement. Il existe des subventions d'exploitation et des subventions d'équipement (voir p. 66).

Les produits financiers

Ils sont normalement inclus dans le résultat imposable de l'exercice au cours duquel ils sont perçus, sous réserve de dérogations.

– *Les intérêts de créances, dépôts et cautionnements, comptes courants.* Ils sont pris en compte pour le calcul du résultat imposable en tenant compte des intérêts courus dans l'exercice. Ainsi, une somme de 50 K€, prêtée le 1/10/N au taux de 5 % l'an et remboursable dans un an, engendre les produits financiers suivants :

en N, 50 x 5 % × 3/12 = 0,625 K€ ;

en N+1, 50 × 5 % × 9/12 = 1,875 K€.

– *Les revenus des valeurs mobilières.* Le contribuable doit exclure des BIC les revenus des titres (actions, obligations) qui sont inscrits à l'actif du bilan de son entreprise et les déclarer comme revenus mobiliers, au même titre que les autres revenus mobiliers provenant des titres figurant dans son patrimoine privé. Ce traitement dérogatoire a été rendu nécessaire pour permettre au contribuable de bénéficier des crédits d'impôt, avoirs fiscaux et abattements de 1 525 € ou de 3 050 € attachés aux revenus mobiliers.

– *Les gains de change.* Les créances et les dettes libellées en monnaie étrangère sont, au moment de leur inscription en comptabilité, converties en euros, en retenant le cours connu au jour de la comptabilisation. En fin d'exercice, elles font l'objet d'une nouvelle évaluation sur la base du cours du change à cette date. Sur le plan fiscal, les gains de change qui apparaissent à la fin de l'exercice doivent être rattachés, de façon extra-comptable, au résultat imposable de l'exercice, bien qu'il s'agisse de plus-values latentes, non réalisées. Cette règle constitue une dérogation aux principes comptables et aux règles fiscales.

BIC : détermination du résultat imposable (2)

Les règles de détermination du résultat imposable sont les mêmes que celles à suivre par les sociétés de capitaux soumises à l'IS, sauf quelques particularités.

Les frais généraux : les charges du personnel

- Ils doivent engendrer une diminution de l'actif net, être régulièrement comptabilisés et engagés dans l'intérêt de l'exploitation. Cela exclut les dépenses personnelles, les dépenses somptuaires, les actes anormaux de gestion.

- Les charges de personnel sont déductibles s'il s'agit des rémunérations en espèces, des avantages en nature, des charges sociales ou fiscales. Des règles spéciales concernent la rémunération de l'exploitant, de son conjoint et de ses enfants. L'exploitant ne peut retrancher du bénéfice de l'entreprise individuelle les sommes qu'il se verse pour rémunérer son propre travail dans l'entreprise ; il est rémunéré par les bénéfices de l'entreprise, qui sont imposés au titre des BIC. Les cotisations obligatoires sont déductibles sans limitation, à la différence des cotisations versées à des régimes facultatifs de retraite, de prévoyance ou de perte d'emploi, soumises chacune à des limites spécifiques. De même, les rémunérations versées aux associés d'une société de personnes relevant de l'IR doivent, dans tous les cas, demeurer comprises dans les bénéfices imposables (ainsi, l'associé unique d'une EURL qui n'a pas opté pour l'IS est soumis au même régime d'imposition que l'exploitant individuel). La loi de finances 2019 revient sur la déductibilité du salaire du conjoint. En effet, le plafond de déduction fixé à 17 500 € est supprimé. Ainsi, le salaire du conjoint de l'exploitant individuel devient déductible en totalité, indépendamment du régime matrimonial et de l'adhésion ou non à un centre de gestion agréé. Toutefois, cette déduction reste liée à la participation réelle du conjoint à l'exploitation ainsi qu'au paiement des cotisations sociales. Les rémunérations versées aux enfants de l'exploitant sont des frais généraux déductibles sans restriction, à condition qu'elles correspondent à un travail effectif et qu'elles ne soient pas exagérées dans leur montant.

Les charges financières

- *Intérêts du capital.* Dans une entreprise individuelle, l'exploitant ne peut se verser des intérêts déductibles pour rémunérer ses apports en capital. De même, dans une société en nom collectif, les intérêts versés aux associés sur leur part de capital ne sont pas déductibles.

- *Intérêts des comptes courants d'associés.* Le compte courant représente des sommes laissées par les associés au profit de leur société. Celle-ci rémunère ces comptes selon un taux d'intérêt. Ces intérêts sont déductibles du résultat fiscal dans les limites suivantes : le capital de la société doit être entièrement libéré, le taux maximum d'intérêt déductible est calculé en fonction du TPM (taux moyen pratiqué).
La partie déductible des intérêts reçus par les associés est imposable à l'IR dans la catégorie « Revenus des capitaux mobiliers ». L'associé peut opter pour le prélèvement libératoire.

EXEMPLES

Les charges de personnel

Mme Ballant est exploitante d'une entreprise industrielle ; elle a perçu une rémunération brute (inscrite dans le compte 644) de 24 350 €. M. Ballant est salarié de cette entreprise ; il a perçu, au titre de l'année N, une rémunération brute de 22 100 €.

La rémunération de Mme Ballant n'est pas admise en déduction du résultat imposable.

La déductibilité de la rémunération de M. Ballant est totale.

Les intérêts de comptes courants

Une SNC rémunère les sommes laissées en comptes courants par les associés au taux de 6 %.

Au titre de l'année N, les sommes déposées en compte sont les suivantes :

- associé 1 : 10 500 € du 01/01 au 31/12 ;
- associé 2 : 7 000 € du 01/05 au 31/12 ;
- associé 3 : 9 750 € du 01/01 au 30/09.

Taux moyen de placement pour l'année N : 1,32 %

Le taux de rémunération est supérieur au taux moyen, une partie des intérêts versés aux associés n'est pas déductible, soit : [(6 % – 1,32 %)] × [10 500 + (7 000 × 8/12) + (9 750 × 9/12)] = 1 052,03 €.

BIC : détermination du résultat imposable (3)

Il convient d'analyser les résultats de cessions des éléments d'actif (les plus ou moins-values) différemment selon la durée de détention des biens cédés.

Les amortissements et les provisions

Il convient de se reporter aux règles de détermination du bénéfice imposable dans le cadre de l'impôt sur les sociétés (p. 76 à 84).

Les plus ou moins-values professionnelles des entreprises soumises à l'IR

- *Calcul des plus ou moins-values de cession.*

Bien non amortissable : prix de cession – valeur d'acquisition
Bien amortissable : prix de cession – valeur nette comptable
La valeur nette comptable est la valeur d'acquisition diminuée des amortissements cumulés jusqu'à la date de cession.

- *Détermination des plus ou moins-values à court ou long terme.*

Nature du bien cédé	Bien détenu depuis moins de 2 ans		Bien détenu depuis au moins 2 ans	
	Plus-value	Moins-value	Plus-value	Moins-value
Bien amortissable	court terme	court terme	court terme à hauteur des amortissements pratiqués, long terme au-delà	court terme
Bien non amortissable	court terme	court terme	long terme	long terme

- *Imposition des plus ou moins-values à court terme.* On effectue une compensation entre plus-values et moins-values à court terme. Le résultat dégage soit une plus-value nette à court terme (PVNCT), soit une moins-value nette à court terme (MVNCT). La MVNCT reste une charge déductible du bénéfice imposable à l'IR. La PVNCT peut être étalée sur trois ans, c'est-à-dire que deux tiers viennent en diminution du bénéfice imposable, un tiers sera réintégré au résultat fiscal de l'année N+1 et le dernier tiers au résultat fiscal de l'année N+2.

- *Imposition des plus ou moins-values à long terme.* On effectue une compensation entre plus-values et moins-values à long terme. Le résultat dégage soit une plus-value nette à long terme (PVNLT), soit une moins-value nette à long terme (MVNLT). La MVNLT est réintégrée au résultat fiscal pour être imputée sur les prochaines PVNLT dégagées au cours des dix prochains exercices. La PVNLT est imposée au taux de 12,8 % majoré des prélèvements sociaux de 17,2 %. Elle est déduite du résultat fiscal.

COMPLÉMENTS

Exemple

Une entreprise a réalisé les cessions suivantes au cours de l'année N :

– matériel industriel 1 : achat en N–5 pour 115 000 €, amorti pour 69 000 € et cédé pour 80 500 € ;

– matériel industriel 2 : achat en N–6 pour 250 000 €, amorti pour 100 000 € et cédé pour 255 000 €.

Par ailleurs, l'entreprise a cédé les titres A suivants :

Lot 1 acheté le 15/09/N–2	1 000 titres à 50,20 €	Cession de 1 500 titres à 48,50 € le 10/12/N
Lot 2 acheté le 20/05/N–1	2 000 titres à 47 €	

– *Résultat de cession du matériel industriel 1 :*

80 500 – (115 000 – 69 000) = 34 500 € ; biens détenus deux ans et plus, mais la plus-value est inférieure au cumul des amortissements ⇒ Plus-value à court terme

– *Résultat de cession du matériel industriel 2 :*

255 000 – (250 000 – 100 000) = 105 000 € ; biens détenus deux ans et plus, mais la plus-value est supérieure au cumul des amortissements ⇒ Plus-value à court terme à hauteur de 100 000 € et plus-value à long terme pour 5 000 €

– *Résultat de cession des titres A :*

L'analyse se fait lot par lot :

- lot 1 : 1 000 × (48,50 – 50,20) = – 1 700 € ⇒ Moins-value à long terme
- lot 2 : 500 × (48,50 – 47) = 750 € ⇒ Plus-value à court terme

Récapitulatif :

– Plus-value nette à court terme : 34 500 + 100 000 + 750 = 135 250 €. L'entreprise peut choisir l'étalement sur trois ans. Deux tiers de 135 250 € seront déduits du résultat imposable N, un tiers seront réintégrés au résultat imposable N+1 et le dernier tiers en N+3.

– Plus-value nette à long terme : 5 000 – 1 700 = 3 300 €. Cette plus-value sera déduite du résultat imposable N pour être imposée à : 12,8 % + 17,2 % de prélèvements sociaux.

Le régime spécifique des PME

Les plus-values dégagées par les petites entreprises peuvent bénéficier d'une exonération soit totale, soit partielle.

Les conditions requises sont les suivantes : les plus-values doivent être réalisées dans le cadre d'une activité commerciale, industrielle, artisanale, libérale ou agricole, exercée à titre professionnel depuis au moins cinq ans. Les plus-values dégagées sur des cessions de terrains à bâtir en sont exclues.

– *Détermination du taux d'exonération :*

Ventes de biens	CA < 250 000 €	100 %
	250 000 € < CA < 350 000 €	(350 000 – Recettes)/100 000
	CA > 350 000 €	0 %
Prestations de services	CA < 90 000 €	100 %
	90 000 € < CA < 126 000 €	(126 000 – Recettes)/36 000
	CA > 126 000 €	0 %

BIC : régimes d'imposition

Il existe trois régimes d'imposition : le régime de la micro-entreprise, le régime du bénéfice réel simplifié et le régime du bénéfice réel normal.

Le régime de la micro-entreprise (ou régime micro-BIC)

L'imposition des bénéfices d'exploitation. La détermination de seuils applicables au régime micro-BIC est distincte de ceux de la franchise de TVA depuis l'imposition 2017.

Ce régime s'applique aux entreprises dont le chiffre d'affaires annuel est inférieur à 176 200 € pour les entreprises relevant des activités d'achat-revente de marchandises, de ventes à consommer sur place ou à emporter et de fourniture de logement et à 72 600 € pour les prestataires de services.

Le bénéfice avant plus ou moins-values de cessions de biens est égal aux recettes annuelles diminuées d'un abattement de 71 % pour les activités d'achat-revente et de 50 % pour les prestations de services.

Les contribuables exclus du régime micro. Sont exclus du régime micro les contribuables dont le chiffre d'affaires excède 176 200 € ou 72 600 € (voir plus haut), les sociétés passibles de l'IS ou relevant du régime des sociétés de personnes, les opérations portant sur des immeubles, des fonds de commerce ou des titres de sociétés immobilières, les opérations de location de matériels ou de biens de consommation durable, les opérations sur un marché à terme d'instruments financiers ou d'options négociables. Sont également exclus les entrepreneurs qui ont opté pour le paiement de la TVA.

Option pour un régime réel d'imposition. Les contribuables BIC soumis au régime micro peuvent opter pour un régime réel d'imposition. L'option doit être exercée avant le 1er février de la première année au titre de laquelle le contribuable désire bénéficier de ce régime. L'option est valable pour deux ans, tant que l'entreprise reste dans le champ d'application du régime micro ; elle est reconductible tacitement également par périodes de deux ans. L'option n'a pas d'effet en matière de TVA et le contribuable peut décider d'opter ou non pour y être assujetti.

Franchise en base de TVA. La franchise en base de TVA permet de dispenser de la déclaration et du paiement de la TVA les petits redevables dont le chiffre d'affaires hors taxes n'excède pas 85 800 € pour les activités d'achat-vente ou 34 400 € pour les prestataires de services.

Pas de déclaration professionnelle à déposer. Le contribuable porte directement sur sa déclaration d'ensemble des revenus n° 2042 le montant de son chiffre d'affaires et de ses éventuelles plus-values et moins-values. Il joint également un état simplifié n° 2042-P.

LE RÉGIME DE L'ÉVALUATION RÉELLE

Le régime du bénéfice réel simplifié

– *Champ d'application.* Le régime simplifié d'imposition s'adresse de plein droit à toutes les entreprises dont le chiffre d'affaires annuel se trouve compris entre le plafond du régime micro et le plancher du réel normal, soit un CA compris entre 176 800 € (HT) et 818 000 € (HT) pour les entreprises de vente de marchandises, les hôtels, cafés, restaurants et loueurs en meublé, ou un CA compris entre 72 600 € (HT) et 247 600 € (HT) pour les entreprises prestataires de services. Ce régime est ouvert sur option aux entreprises soumises normalement au régime micro ; l'option est globale et vaut à la fois pour les bénéfices et pour la TVA.

– *Déclaration simplifiée des résultats.* Les contribuables doivent souscrire une déclaration n° 2031 identique à celle du réel normal ; ne sont joints à cette déclaration que certains tableaux annexes dont un bilan, un compte de résultat simplifié, un tableau des immobilisations et amortissements, ou encore un relevé des provisions. La déclaration doit être déposée au plus tard le 30 avril. Les contribuables qui n'adhéreront pas à un centre de gestion ou à une association agréée se verront appliquer une majoration de 25 % calculée sur leurs revenus déclarés.

Le régime du bénéfice réel normal

– *Domaine d'application.* Il concerne les entreprises les plus importantes : il s'applique de plein droit aux entreprises dont le chiffre d'affaires annuel hors taxes (CA HT) dépasse 818 000 € (pour les entreprises de vente de marchandises, les hôtels, cafés, restaurants et loueurs en meublé) ou 247 000 € (pour les prestataires de services). Les contribuables relevant du régime du bénéfice réel simplifié peuvent opter pour le régime du bénéfice réel normal ; l'option concerne à la fois les bénéfices et la TVA.

– *Déclaration des résultats.* Les entreprises doivent tenir une comptabilité régulière et faire parvenir à l'administration fiscale une déclaration des résultats, au plus tard le 30 avril. Cette déclaration est accompagnée d'un certain nombre de tableaux comptables (bilan, compte de résultat, amortissements, provisions…) et fiscaux (détermination du résultat fiscal, déficits, provisions non déductibles, plus-values et moins-values…), qui constituent la liasse fiscale.

– *Modalités d'imposition.* Le bénéfice figurant sur la déclaration spéciale est reporté sur la déclaration générale des revenus (rubrique BIC) et ajouté aux autres revenus. S'il y a une perte, cette dernière est déductible du revenu global au cours de la même année. Au cas où le revenu global serait insuffisant, l'excédent de perte est reporté sur le revenu global des années suivantes jusqu'à la cinquième année inclusivement.

Les sociétés de personnes relevant de l'IR

Des difficultés apparaissent pour les sociétés de personnes soumises à l'IR, qui n'existent qu'au travers de leurs associés, et ce sont eux qui supportent directement l'impôt.

À quelle catégorie de revenus faut-il rattacher les bénéfices réalisés ?

Les parts de la société de personnes restent dans le patrimoine privé des associés. Dans ce cas, la règle est simple : la catégorie d'imposition des revenus dépend uniquement de l'activité exercée par la société : si l'activité exercée est commerciale, agricole, ou libérale, les bénéfices réalisés par la société sont évalués et imposés respectivement comme BIC, BA, ou BNC.

Les parts de la société de personnes figurent à l'actif du bilan d'une entreprise. Si les titres figurent à l'actif du bilan d'une entreprise commerciale, la quote-part de bénéfices revenant au commerçant est déterminée et imposée selon son statut propre, c'est-à-dire en tant que BIC, quelle que soit l'activité de la société de personnes : activité commerciale, agricole, libérale, etc. On abandonne le critère de l'activité pour celui du statut de l'associé ; mais ce passage de l'activité au statut n'est possible que si l'entreprise qui détient les parts relève de plein droit du régime de l'évaluation réelle ; dans le cas contraire (régime micro ou évaluation réelle sur option), le critère reste l'activité. Si les titres figurent à l'actif d'une entreprise agricole, la quote-part de bénéfices revenant à l'associé est déterminée selon le régime des BA si l'entreprise agricole relève de plein droit de l'évaluation réelle, en fonction de l'activité exercée par la société de personnes dans le cas contraire. Si les titres figurent à l'actif d'une entreprise libérale, la quote-part de bénéfices est toujours déterminée en fonction de l'activité de la société de personnes.

Détermination du résultat imposable réalisé par la société de personnes

Le régime fiscal des sociétés de personnes est, à quelques exceptions près, identique à celui des entreprises individuelles. Par exemple, ne sont pas déductibles du résultat imposable les intérêts alloués au capital. Les revenus des valeurs mobilières figurant à l'actif du bilan de la société sont imposés au nom des associés, avec les revenus mobiliers de leur patrimoine privé. De plus, le bénéfice de la société est immédiatement imposable entre les mains des associés, sans attendre sa distribution éventuelle, et la quote-part de déficit qui leur revient peut être imputée sur leur revenu global (voir p. 42).

Il existe cependant quelques différences avec le régime applicable aux entreprises individuelles ; ainsi, alors que l'exploitant individuel ne peut se verser des intérêts déductibles sur les fonds laissés dans l'entreprise, les intérêts des comptes courants d'associés sont déductibles dans la limite des taux effectifs moyens pour des prêts à taux variables d'une durée initiale supérieure à deux ans (voir p. 72).

BÉNÉFICE IMPOSABLE AU NOM DE CHAQUE ASSOCIÉ

Procédure

Le bénéfice imposable (ou le déficit fiscal) de la société est déterminé à partir du bénéfice comptable, en le modifiant par un certain nombre de rectifications extra-comptables (état n° 2058 A).

Puis on répartit le bénéfice (ou le déficit) comptable entre les associés, proportionnellement à leurs droits dans le capital ; chaque associé détermine son revenu brut imposable en ajoutant à sa quote-part de résultat comptable les rémunérations personnelles et intérêts non déductibles dont il a bénéficié (la somme des revenus bruts des associés doit redonner le résultat imposable).

Enfin, chaque associé déduit de son revenu brut imposable les charges qui lui sont personnelles (exemple : cotisations sociales), s'il exerce une activité dans la société, pour obtenir son revenu net imposable.

Exemple de détermination du revenu brut imposable de chaque associé

– *Données.* Une société en nom collectif comprend deux associés X et Y. L'associé X reçoit un traitement mensuel de 3 000 € et des intérêts annuels de 8 000 € pour sa part de capital social, tandis que Y reçoit 2 000 € de traitement mensuel et 12 000€ d'intérêts annuels. Les traitements et intérêts figurent dans les frais généraux de la société. Les statuts précisent que les bénéfices et les pertes sont répartis comme suit : 40 % pour X et 60 % pour Y. Les calculs seront faits en supposant que le résultat comptable prend les valeurs successives suivantes :

+ 50 000 € et – 70 000 €.

– *Résultat comptable = + 50 000 €.*

Le total des charges non déductibles passées en frais généraux s'élève à : (3 000 + 2 000) × 12 + 8 000 + 12 000 = 80 000 €. Le bénéfice imposable de la société, compte tenu de la réintégration des rémunérations et des intérêts, vaut : 50 000 + 80 000 = 130 000 €.

La répartition du bénéfice comptable entre les associés est faite comme suit :

pour X : 50 000 × 40 % = 20 000 € ;
pour Y : 50 000 × 60 % = 30 000 €.

Le revenu brut imposable de chaque associé devient :

pour X : 20 000 + (3 000 × 12)
+ 8 000 = 64 000 € ;
pour Y : 30 000 + (2 000 × 12)
+ 12 000 = 66 000 €.
Total imposable : 130 000 €.

– *Résultat comptable : – 70 000 €.*

La même démarche conduit aux calculs suivants :

Résultat imposable de la société : – 70 000 + 80 000 (charges non déductibles) = 10 000 €.

Revenu brut imposable de chaque associé :

X : (– 70 000 × 40 %)
+ (3 000 × 12) + 8 000
= 16 000 € ;
Y : (– 70 000 × 60 %)
+ (2 000 × 12) + 12 000
= – 6 000 €.
Total imposable : 10 000 €.

Les rémunérations des dirigeants de sociétés

Les « rémunérations de certains dirigeants de sociétés » constituent une catégorie particulière de revenus, visés distinctement par l'article 62 du CGI.

Société versante non passible de l'impôt sur les sociétés (IS)

Les rémunérations versées aux dirigeants ne sont pas déductibles des bénéfices sociaux car elles sont considérées comme des versements anticipés du bénéfice. Elles sont soumises à l'impôt sur le revenu au nom du bénéficiaire selon les mêmes conditions que la quote-part de bénéfices sociaux qui lui revient (BIC, BA, BNC, revenus fonciers).

Société versante passible de l'impôt sur les sociétés (IS)

Régime d'imposition dans la catégorie des traitements et salaires. Sont concernées les rémunérations des dirigeants de sociétés anonymes et sociétés par actions simplifiées (y compris les jetons de présence alloués au président du conseil d'administration et aux directeurs) et des gérants minoritaires de SARL. À ce titre, ces rémunérations bénéficient d'une déduction forfaitaire pour frais professionnels (voir p. 12 à 15).

Régime d'imposition dans la catégorie des bénéfices non commerciaux (BNC). Sont visées les rémunérations versées aux membres des conseils de surveillance des sociétés en commandite par actions et des sociétés anonymes de type nouveau (les rémunérations exceptionnelles pour ces dernières).

Régime d'imposition dans la catégorie des revenus mobiliers. Certaines rémunérations de dirigeants, déductibles du bénéfice imposable, relèvent de la catégorie des revenus mobiliers ; il s'agit des jetons de présence versés aux administrateurs ou aux membres du conseil de surveillance des sociétés anonymes. S'y ajoutent les rémunérations que le conseil de surveillance d'une société anonyme de type nouveau décide de verser à son président et à son vice-président.

Régime d'imposition dans la catégorie « Rémunérations de certains dirigeants de sociétés ». Cela concerne une catégorie particulière de revenus visés distinctement par l'article 62 du CGI et correspondant aux rémunérations versées :
- aux gérants majoritaires de SARL ;
- aux gérants des sociétés en commandite par actions ;
- aux membres des sociétés de personnes, des sociétés en participation, à l'associé unique d'une EURL, si ces sociétés ont opté pour le régime de l'IS.

Cette énumération est strictement limitative. Sont des éléments du revenu imposable les sommes perçues sous forme d'appointements fixes ou proportionnels, d'allocations, d'indemnités ou de gratifications ; s'y ajoutent les avantages en nature. Le revenu imposable est le revenu net obtenu en déduisant du montant brut des rémunérations les charges supportées par les intéressés dans l'exercice de leurs fonctions (voir ci-contre).

Exemple : société en nom collectif n'ayant pas opté pour l'IS

Soit une société en nom collectif comprenant trois associés A, B, C, détenant respectivement 50 %, 30 % et 20 % du capital de la société. Les rémunérations versées à chaque associé se sont élevées à 24 000 € pour l'année, alors que le bénéfice de la société, après déduction des rémunérations portées dans les charges, vaut 100 000 €.

Les associés sont imposables au titre des BIC sur les montants suivants :

A : (100 000 × 50 %) + 24 000 =	74 000
B : (100 000 × 30 %) + 24 000 =	54 000
C : (100 000 × 20 %) + 24 000 =	44 000
Total	172 000

Gérants majoritaires et gérants minoritaires de SARL

– *Gérants majoritaires.* Un gérant est majoritaire :

• s'il détient personnellement (directement ou par l'intermédiaire de son conjoint et de ses enfants) plus de la moitié du capital social ;

• ou bien, en cas de pluralité de gérants, si le collège des gérants est majoritaire (c'est-à-dire s'il détient plus de la moitié du capital).

– *Gérants de fait.* Un associé, sans avoir le titre de gérant, peut se comporter comme tel : il dispose des pouvoirs pour signer au nom de la société, pour agir au nom de celle-ci. Il s'agit d'un gérant de fait. Les gérants de fait sont assimilés aux gérants en titre pour apprécier si la gérance est majoritaire ou non.

– *Gérants minoritaires.* Les gérants minoritaires sont ceux qui, tous ensemble, détiennent moins de la moitié du capital ou exactement la moitié du capital.

Régime d'imposition des rémunérations visées par l'article 62 du CGI

L'article 62 du CGI vise les traitements, remboursements forfaitaires de frais et toutes autres rémunérations versées aux dirigeants énumérés ci-contre (bas de la p. 38). Il indique que le montant imposable de toutes ces sommes est déterminé « sous déduction des frais inhérents à l'exploitation sociale et effectivement supportés par les bénéficiaires dans l'exercice de leurs fonctions ».

Le revenu imposable est obtenu comme suit :

– *Modalités de détermination des frais professionnels.* Les rémunérations imposables de ces gérants et associés relèvent, après déduction des cotisations sociales, du régime applicable aux traitements et salaires (voir p. 13). Ces contribuables peuvent donc déterminer leurs frais professionnels sans justification, en utilisant la déduction forfaitaire de 10 % ; ils ont, bien entendu, la faculté d'opter pour la déduction de leurs frais réels et justifiés.

À noter que les gérants et associés peuvent déduire les primes versées aux :

– contrats de retraite supplémentaire et de prévoyance complémentaire de type « Madelin » ;

– régimes mis en place par les caisses obligatoires dont ils relèvent. Le revenu imposable est augmenté de la CSG-CRDS imposable.

Les organismes de gestion agréés

Les centres de gestion agréés sont des associations régies par la loi du 1er juillet 1901, créées par des professionnels de la comptabilité ou par des organisations professionnelles.

Le rôle des centres de gestion agréés

- *L'assistance comptable*. La comptabilité des adhérents doit, en principe, être tenue ou surveillée par un membre de l'ordre des experts-comptables.
- *L'assistance fiscale*. Au minimum, les centres informent et forment leurs adhérents.
- *L'assistance en matière de gestion*. Les centres doivent fournir chaque année à leurs adhérents un dossier de gestion conduisant au calcul d'un ensemble de ratios.

Les obligations des adhérents

Les adhérents, en contrepartie des avantages dont ils bénéficient, doivent s'engager : 1° à fournir tous les éléments nécessaires à l'établissement d'une comptabilité sincère et à faire viser leurs déclarations par un membre de l'ordre des experts-comptables ; 2° à communiquer au centre leurs états financiers (bilan, compte de résultat, annexe) ; 3° à accepter les règlements par chèque et à en informer leurs clients, de manière à faciliter les contrôles de l'administration fiscale et à rendre les entreprises plus transparentes.

Les avantages fiscaux accordés aux adhérents

- L'adhésion à un centre de gestion agréé permet de profiter des services offerts (conseils,...) et de bénéficier d'avantages fiscaux. En cas de non adhésion, le bénéfice fiscal est majoré de 25 %.
- Les adhérents doivent remplir les conditions suivantes : 1° être assujettis à l'impôt sur le revenu ou à l'impôt sur les sociétés (les entreprises imposées à l'IS peuvent adhérer à un CGA mais elles ne bénéficient pas des avantages fiscaux) ; 2° être imposés selon un régime réel d'évaluation (réel normal ou réel simplifié), ce qui exclut les entreprises soumises au régime micro ; 3° exercer une véritable activité professionnelle ; 4° avoir appartenu à un centre de gestion agréé pendant toute la période d'imposition, comme indiqué ci-dessus, et avoir déposé sans retard des déclarations fiscales sincères.

LES ASSOCIATIONS AGRÉÉES

Le rôle des associations agréées

Les associations agréées ont pour objet de :

1) fournir aux professions libérales (catégorie des bénéfices non commerciaux), exerçant en entreprise individuelle ou en société soumise à l'IR, une aide technique en matière de gestion et de fiscalité ;

2) les inciter à développer l'usage de la comptabilité ;

3) leur faciliter l'accomplissement de leurs obligations fiscales et administratives. Elles peuvent également (et sans habilitation spéciale) tenir tout ou partie des documents comptables de leurs adhérents.

Elles doivent enfin vérifier les déclarations fiscales de leurs adhérents et leur demander tous renseignements utiles afin d'établir leur concordance avec la comptabilité. Elles peuvent également établir leurs déclarations fiscales si les adhérents sont placés sous le régime de la déclaration contrôlée.

Les obligations des adhérents

Les adhérents doivent prendre l'engagement de se conformer aux recommandations qui leur sont faites par les ordres ou les organisations professionnels dont ils dépendent. Cependant, les associations agréées ne peuvent pas leur imposer les services d'un expert-comptable ou comptable agréé. Les centres de gestion agréés ont dissocié leur activité d'assistance en matière de gestion de l'activité de tenue de comptes dans des entités distinctes. Cette activité de tenue de comptes est transférée à une association de gestion et de comptabilité (ord. 2004-279 du 25 mars 2004 modifiée par la loi 2008-1425 du 27 décembre 2008). Les adhérents doivent également fournir les éléments nécessaires pour la préparation de déclarations sincères et complètes lorsque les associations préparent les déclarations ou, s'ils préparent eux-mêmes leur déclaration, communiquer à l'association agréée le montant du résultat imposable et l'ensemble des données utilisées pour la détermination de ce résultat. En contrepartie de ces obligations, l'adhésion à une association agréée ouvre droit aux mêmes avantages que ceux prévus pour l'adhésion à un centre de gestion (voir page précédente).

Le rôle de l'Administration

Dans le cadre d'une convention signée avec le centre de gestion ou l'association agréée, un inspecteur des impôts fournit gratuitement une assistance technique. Sa mission est de répondre par écrit ou verbalement aux questions fiscales qui lui sont posées concernant des impositions dues par les adhérents. Les réponses écrites engagent l'Administration. L'inspecteur exerce également un rôle de contrôle de l'activité du centre ou de l'association en vérifiant que ces derniers effectuent un contrôle des déclarations fiscales et qu'ils respectent les obligations à la charge des adhérents.

La déduction des déficits

Le revenu global du foyer fiscal s'obtient en calculant la somme algébrique des différents revenus catégoriels qui le composent (revenus fonciers, salaires, revenus mobiliers, etc.), ce qui conduit, en théorie, à prendre en compte les déficits constatés dans une ou plusieurs catégories de revenus.

Le revenu global : la somme algébrique des revenus catégoriels

L'addition des résultats positifs. Dans chaque catégorie de revenus, on évalue le montant imposable compte tenu des règles fiscales. On calcule alors la somme de ces revenus catégoriels positifs pour obtenir le revenu global. Cependant, ne sont pas pris en compte dans la base de l'impôt progressif les revenus soumis à une imposition séparée (plus-values imposables à 30 % (12,8 % + 17,2 %)).

La soustraction des résultats négatifs : le principe général d'imputation. En règle générale, le déficit constaté pour une année dans une catégorie de revenus vient en diminution du revenu global imposable. Si le revenu global n'est pas suffisant pour permettre la déduction intégrale du déficit, l'excédent du déficit est reporté successivement sur le revenu global des années suivantes, jusqu'à la sixième inclusivement. Ainsi, un déficit global constaté en 2019 pourra s'imputer jusqu'au revenu global de 2025.

Les exceptions au principe général d'imputation

Les déficits agricoles ne sont pas imputables sur le revenu global si les autres revenus du contribuable dépassent 111 752 € ; ces déficits sont reportables uniquement sur les bénéfices agricoles des six années suivantes.

Les déficits fonciers qui résultent des dépenses déductibles autres que les intérêts d'emprunt sont imputables sur le revenu global, mais seulement à concurrence de 10 700 € par an dans la généralité des cas. Le délai de report de la fraction des déficits qui excède la limite de 10 700 € ou qui résulte des intérêts d'emprunt est porté à dix ans depuis 1996.

Les déficits d'activités non professionnelles relevant des BNC, les déficits des locations en meublé (loueurs non professionnels) et les déficits BIC non professionnels ne sont pas imputables sur le revenu global, mais sont imputés sur les bénéfices d'activités de même nature perçus la même année ou les six années suivantes.

Les moins-values immobilières des particuliers (pour les moins-values des entreprises soumises à l'IR, voir p. 32). Lors de la cession d'un immeuble, les plus-values réalisées par les particuliers sont soumises à l'IR. S'il y a une moins-value, elle ne peut être imputée ni sur le revenu global ni sur des plus-values de même nature.

Les moins-values mobilières des particuliers (pour les moins-values des entreprises, voir p. 32). Depuis 2000, l'imputation des moins-values s'applique à toutes les moins-values et plus-values mobilières, soumises à un régime d'imposition unique ; s'il y a une moins-value nette, elle peut être compensée avec des plus-values pendant les dix années suivantes mais ne peut être imputée sur le revenu global.

LES DÉFICITS BIC

Distinction entre les déficits BIC professionnels et les déficits BIC non professionnels

– *Définition.* Une activité, principale ou accessoire, relevant des BIC est qualifiée de non professionnelle lorsqu'elle ne comporte pas la participation personnelle, continue et directe, de l'un des membres du foyer fiscal à cette activité. Est exclue des BIC professionnels toute activité dont la gestion courante est, en droit ou en fait, confiée à un tiers, par l'effet d'un mandat, d'un contrat de travail ou de toute autre convention.

– *Nature des déficits.* Les déficits concernés par le nouveau régime d'imputation sont ceux qui proviennent des activités relevant des BIC non professionnels subis directement ou indirectement. Ainsi, la réforme s'applique à la fraction du déficit revenant aux personnes physiques lorsque ces dernières détiennent une participation indirecte par l'intermédiaire d'une société de personnes dans laquelle elles n'exercent aucune activité.

– *Date d'entrée en vigueur.* Les nouvelles modalités d'imputation des déficits non professionnels s'appliquent, à compter de 1996, pour les loueurs en meublé non professionnels et les membres non professionnels de copropriété de cheval de course ou d'étalon, quelle que soit la date du début d'activité ou des investissements.

Pour les autres activités relevant des BIC, il faut distinguer deux catégories :

1) activités créées, reprises, étendues ou adjointes depuis le 1/1/1996 : la fraction du déficit non professionnel est déterminée grâce à une comptabilité séparée et par la production de déclarations annuelles de résultat séparées ;

2) investissements réalisés à compter du 1/1/1996 dans le cadre d'activités créées ou reprises avant 1996 : la limitation s'applique à la fraction des déficits provenant de ces investissements (fraction déterminée selon le rapport entre la somme des valeurs nettes comptables de ces investissements et la somme des valeurs nettes comptables de tous les éléments de l'actif immobilisé).

Modalités d'imputation des déficits BIC

– *Les déficits non professionnels* ne peuvent être imputés ni sur le revenu global ni sur les bénéfices BIC professionnels. Ils peuvent être imputés sur les bénéfices BIC non professionnels dégagés par l'un des membres du foyer fiscal la même année ou les six années suivantes. La réforme aboutit à créer dans le revenu catégoriel BIC une subdivision cloisonnée « BIC non professionnels ».

– *Les déficits professionnels.* Dans une entreprise individuelle, le déficit fiscal peut être imputé par l'exploitant sur son revenu global ; autrement dit, le déficit fiscal de l'entreprise vient diminuer la somme des autres revenus imposables pendant la même année. Si le revenu global de l'année n'est pas suffisant pour absorber le déficit, l'excédent est reporté sur le revenu global des six années suivantes. Les associés des sociétés relevant de l'IR dans la catégorie des BIC qui exercent leur activité au sein de la société sont, au regard de l'imputation des déficits, dans la même situation que l'entrepreneur individuel. Chaque associé peut imputer sur son revenu global la quote-part du déficit correspondant à ses droits dans la société. Si l'associé est une entreprise, la quote-part du déficit doit d'abord être intégrée dans le résultat fiscal de l'entreprise individuelle.

Les charges déductibles du revenu ou de l'impôt

Du revenu global sont retranchées diverses charges ; certaines autres charges donnent droit à une réduction d'impôt. Toutes ces charges sont limitativement énumérées par la loi.

Les charges déductibles du revenu global

- *Les pensions alimentaires* payées sont déductibles du revenu global lorsqu'il existe une obligation alimentaire prévue par le code civil ou en vertu d'une décision de justice en cas de rupture du foyer. L'obligation alimentaire existe entre ascendants et descendants. Elle existe également entre gendre (ou belle-fille) et beau-père (ou belle-mère), sauf lorsque l'époux qui produit l'affinité et les enfants issus de son union avec l'autre époux sont décédés. Cette pension alimentaire est déductible du revenu global du débiteur dans la mesure des besoins de celui qui la reçoit et des ressources du débiteur. Cependant, la déduction des pensions alimentaires versées aux descendants est limitée par la loi ; cette somme est imposable entre les mains du bénéficiaire. En cas de divorce ou de séparation de corps, la pension versée pour l'entretien des enfants à celui qui en a la garde est déductible. Mais la pension versée à l'ex-conjoint n'est déductible que si elle est payée en exécution d'une décision de justice.

- *Déductions diverses.* Les charges foncières des monuments historiques, les cotisations de Sécurité sociale et assimilées, les frais d'accueil des personnes âgées, les pertes en capital subies par les créateurs de sociétés, les souscriptions en faveur de l'audiovisuel ou du cinéma, notamment, sont déductibles du revenu global, sous certaines conditions.

Les charges déductibles de l'impôt

- *Les dépenses concernant l'habitation principale pour la transition énergétique* (voir ci-contre).

- *Les dons et subventions* à des œuvres d'intérêt général et de fondations ou d'associations reconnues d'utilité publique ouvrent droit à une réduction d'impôt égale à 66 % de leur montant dans la limite de 20 % du revenu imposable. Les dons aux organismes fournissant gratuitement des repas, soins médicaux et aides à l'hébergement à des personnes en difficulté ouvrent droit à une réduction d'impôt égale à 75 % de leur montant, dans la limite de 546 € pour les revenus 2019.

- *L'emploi d'un salarié à domicile* (voir détails ci-contre). Les contribuables qui ont recours aux services d'employés de maison déclarés bénéficient d'une réduction d'impôt égale à 50 % des dépenses plafonnées à 12 000 €. Ce plafond est majoré de 1 500 € par enfant à charge, mais ne peut excéder 15 000 €.

- *L'encouragement à l'investissement dans l'immobilier locatif.*

AUTRES RÉDUCTIONS ET CRÉDITS D'IMPÔT

Le plafond général de déductions fiscales est limité à 10 000 €, sauf pour les investissements dans l'immobilier locatif outre-mer avec 18 000 €.

Emploi d'un salarié à domicile

Les contribuables qui emploient dans leur résidence principale ou secondaire un salarié déclaré bénéficient soit d'une réduction d'impôt, soit, sous certaines conditions, d'un crédit d'impôt.

Les services rendus doivent correspondre aux besoins courants des personnes et des familles. Ne sont pas éligibles les services liés à des aménagements ou des réparations effectuées dans la résidence ainsi que l'installation d'équipements ménagers.

L'avantage fiscal est égal à 50 % des dépenses, plafonnées à 12 000 €. Ce plafond est majoré de 1 500 € par enfant à charge, sans pouvoir excéder 15 000 €. Cet avantage prend la forme d'un crédit d'impôt pour toutes autres dépenses. En outre, il faut que le contribuable exerce une activité professionnelle, que les services soient rendus au domicile et que les dépenses soient payées par chèque-emploi service. Si le crédit d'impôt excède l'impôt dû, il est remboursé par l'administration fiscale.

Cotisations aux régimes de retraite et de prévoyance

En application de la loi Fillon votée en août 2003, sont déductibles les cotisations versées aux plans d'épargne retraite populaire (PERP), à certains régimes complémentaires facultatifs des agents de la fonction publique et aux régimes de retraite supplémentaire obligatoire, à condition que ces derniers régimes suivent les règles du PERP. La déduction est limitée à 10 % des revenus d'activité professionnelle retenus avec une déduction maximale de 31 382 €.

Frais de garde d'enfant

Ils ouvrent droit, pour les enfants de moins de six ans, à un crédit d'impôt égal à 50 % pour les sommes versées dans la limite de 2 300 € par enfant (1 150 € en cas de garde alternée). Les dépenses doivent être engagées pour la garde des enfants à l'extérieur du domicile des parents : crèches, assistantes maternelles agréées, garderies collectives, etc. Si le montant du crédit d'impôt excède l'impôt restant dû, l'excédent est restitué au contribuable.

Crédit d'impôt pour la transition énergétique

Ce crédit d'impôt porte sur les deux catégories de dépenses d'équipement de l'habitation principale suivantes effectuées par le propriétaire ou le locataire : dépenses d'acquisition de chaudières à condensation et dépenses d'acquisition de matériaux d'isolation thermique et d'appareils de régulation de chauffage ; coûts des équipements de production d'énergie utilisant une source d'énergie renouvelable. Le crédit d'impôt est égal à 30 %. Il est plafonné à 8 000 € pour une personne seule et à 16 000 € pour un couple marié.

Crédit d'impôt en faveur de l'aide aux personnes

Les dépenses d'installation ou de remplacement d'équipements de l'habitation principale spécialement conçus pour les personnes âgées ou handicapées ouvrent droit à un crédit d'impôt de 25 % (40 % pour les travaux de protection contre les risques technologiques) plafonné à 5 000 € pour une personne seule et à 10 000 € pour un couple marié.

Autres réductions d'impôt

Les autres réductions d'impôt concernent notamment la souscription au capital de sociétés non cotées, les frais de dépendances, les primes des contrats d'assurance vie souscrits avant 1996, les cotisations syndicales, le rachat d'entreprise par les salariés, les prestations compensatoires suite à un divorce.

Calcul et paiement de l'impôt

C'est l'administration fiscale qui calcule l'impôt sur le revenu, à partir de la déclaration souscrite par le contribuable. L'impôt est déterminé en utilisant le système du quotient familial.

La déclaration annuelle du revenu imposable

Toute personne passible de l'impôt sur le revenu doit souscrire, au cours du mois de mai de chaque année, une déclaration détaillée de tous ses revenus. Les déclarations de revenus sont préremplies des principaux revenus.

Le calcul de l'impôt

Le mécanisme de calcul de l'impôt progressif

On détermine le nombre de parts, compte tenu des personnes qui composent le foyer fiscal, selon le système du quotient familial. On divise le revenu net global (obtenu en diminuant le revenu global des charges déductibles, présentées p. 44) par le nombre de parts. À partir du barème (voir page 47), on applique la formule afin d'obtenir le montant de l'impôt. À celui-ci viendront en déductions les réductions d'impôts et les crédits d'impôts (voir page 44).

Les enfants à charge

– Enfants célibataires de moins de 18 ans : ce sont de plein droit des enfants à charge, sauf si le déclarant demande leur imposition séparée.
– Enfants célibataires de plus de 18 ans. Ils sont majeurs et normalement imposables séparément, mais ils peuvent être rattachés au foyer fiscal de leurs parents, si l'une des trois conditions suivantes est réalisée : 1° avoir moins de 21 ans ; 2° avoir moins de 25 ans s'ils poursuivent leurs études ; 3° être infirme, quel que soit leur âge.

Le paiement de l'impôt

Le prélèvement à la source prend deux formes selon le type de revenus.
– Salaires, pensions de retraite, allocations chômage… : retenue à la source par l'organisme payeur.
– Pour les autres types de revenus (BIC, BNC…) : paiement d'un acompte par le contribuable, prélevé par l'administration fiscale sur le compte bancaire du contribuable.
Trois taux de prélèvement sont possibles.
– Taux de droit commun : il est égal au montant de l'IR avant réductions et crédits d'impôt / revenus nets imposables.
– Taux neutre par défaut : c'est un taux proportionnel fixé par tranche de revenu, applicable aux contrats courts, aux entrants sur le marché du travail ou sur option des salariés afin de garantir la confidentialité de leurs revenus vis-à-vis de leur employeur.
– Taux individualisé sur option : les contribuables mariés ou pacsés peuvent opter pour un taux individualisé déterminé en fonction de leurs revenus personnels.
Ces taux, communiqués aux collecteurs, sont réajustés en septembre suivant la déclaration des revenus.

MODALITÉS PRATIQUES DE CALCUL

Le revenu net imposable R, arrondi à l'euro le plus proche, est divisé par le nombre de parts N auquel peut prétendre le contribuable, c'est-à-dire par son quotient familial ; on obtient le revenu net R/N pour une part, auquel il convient d'appliquer le barème progressif de l'IR.

– *Impôt brut résultant du barème progressif de l'IR :*

Imposition des revenus de 2019 (1)		
Quotient familial	**Taux**	**Impôts brut (2)**
Jusqu'à 10 064 €	0 %	0
De 10 064 € à 27 794 €	11 %	(R × 0,14) – (1 408,96 × N)
De 27 794 € à 74 517 €	30 %	(R × 0,30) – (5 856,00 × N)
De 74 517 € à 157 806 €	41 %	(R × 0,41) – (14 052,87 × N)
Supérieur à 157 806 €	45 %	(R × 0,45) – (20 365,11 × N)

(1) Pour une part de quotient familial.
(2) Dans cette formule simplifiée habituellement retenue par l'administration mais calculée par nos soins, R représente le revenu imposable et N le nombre de parts.

Exemple : Couple marié avec deux enfants à charge
Calcul de l'impôt : R = 100 000 € ; N = 3 ; Q = 33 333 (au-delà de 27 794 € et 74 517) ; impôt brut = (100 000 × 0,3) – (5 856 × 3) = 12 432.
Plafonnement des effets du quotient familial : La réduction d'impôt brut résultant du quotient familial est plafonnée à 1 567 € pour chacune des demi-parts additionnelles et 783,50 € pour chaque quart de part additionnelle. Le plafond est de 3 697 € pour la part entière correspondant au premier enfant, pour les contribuables célibataires, séparés, divorcés vivant seuls et ayant la charge exclusive d'au moins un enfant.

Reprenons l'exemple ci-dessus pour un couple marié sans enfant
IR = 100 000 € ; N = 2 ; Q = 50 000 ; impôt brut = (100 000 × 0,3) – (5 856 × 2) = 18 288.
La différence : 18 288 – 12 432 = 5 856 €, dépasse deux fois 1 567 € (deux demi-parts) ; dans ce cas, le plafonnement joue et l'impôt dû est égal à : 18 288 – (1 567 × 2) = 15 154 € (au lieu de 12 432 €).

Décote : impôt brut inférieur à 2 653 € (couple ou pacsé) et inférieur à 1 611 € (célibataires, veufs ou divorcés). La décote se présente donc sous la forme suivante :
Décote = 1 990 ou 1 208 – (0,75 × Impôt brut)
Impôt dû = impôt brut – décote.

Prélèvements sociaux

Les personnes physiques fiscalement domiciliées en France sont soumises aux prélèvements sociaux suivants : la CSG (9,2 % en général), la CRDS (0,5 %), le prélèvement de solidarité de 7,5 %. Ces prélèvements frappent les revenus du capital.

La Contribution sociale généralisée (CSG)

Les personnes physiques domiciliées en France et soumises à un régime obligatoire français d'assurance maladie sont assujetties à la CSG.

CSG sur les revenus d'activité et de remplacement. La CSG est précomptée soit par l'employeur, soit par l'organisme débiteur. Le taux de la CSG dépend de la catégorie du revenu. Il est à noter qu'une partie du taux est non déductible du revenu imposable.

Types de revenus	Taux global	Taux déductible
Salaires (avec abattement de 3 %)	9,2 %	6,8 %
Allocations de chômage	6,2 %	3,8 %
Pensions de retraite et d'invalidité	8,3 %(1)	5,9 %

(1) Taux de 6,6 % pour le revenu fiscal inférieur à 22 580 € ou 34 636 € (couple).

CSG sur les revenus du patrimoine. Elle est assise sur le montant net imposable des revenus suivants : revenus fonciers, rentes viagères à titre onéreux, revenus de capitaux mobiliers, plus-values immobilières et sur biens meubles, plus-values professionnelles, gains de cession de valeurs mobilières et autres profits imposables à un taux proportionnel, revenus des locations meublées non professionnelles et revenus non commerciaux non soumis à la CSG au titre des revenus d'activité : le taux de la CSG est de 9,9 %.

CSG sur les revenus de placement et de l'épargne. La CSG s'applique, au taux de 9,9 %, aux revenus de placement soumis au prélèvement libératoire et aux revenus de l'épargne qui sont soumis à la CRDS (voir p. 49).

Le forfait social

Les rémunérations concernées par le forfait social répondent à deux conditions cumulatives :
– elles doivent être exclues de l'assiette de cotisations de Sécurité sociale ;
– elles doivent être assujetties à la CSG.
Le taux du forfait social s'établit à 20 %. Il est de 16 % pour les sommes provenant de l'intéressement, de la participation et des abondements de l'employeur versés sur un PERCO. Il est de 8 % pour les contributions de prévoyance et la réserve spéciale de participation dans les SCOP. Depuis le 1/1/2019, le forfait social est supprimé sur les primes de participations pour les entreprises de moins de 50 salariés.

Le prélèvement social

Le prélèvement social s'applique uniquement sur les revenus du capital au taux de 7,50 %. Ainsi, les revenus du capital sont soumis à une imposition totale de 17,2 % (CSG, CRDS et prélèvement social).

DIFFÉRENTES CONTRIBUTIONS AU CRDS (TAUX UNIQUE : 0,5 %)

Première contribution sur les revenus d'activité et de remplacement

– *Revenus d'activité des salariés*. L'assiette de la CRDS comprend les salaires, les avantages en nature, les accessoires de la rémunération, la participation et l'intéressement. S'y ajoutent : les contributions des employeurs au financement des prestations de prévoyance et de retraite complémentaire, les indemnités de licenciement et de mise à la retraite, les indemnités pour modification du contrat de travail, l'allocation de congé parental d'éducation. L'ensemble des sommes versées au titre du contrat de travail est assujetti pour le montant brut, après application d'un abattement forfaitaire de 5 %. La CRDS doit figurer sur le bulletin de paie ; elle est à la charge du salarié et précomptée par l'employeur, qui la verse à l'Urssaf (aux mêmes dates que la CSG).

– *Revenus d'activité des non-salariés*. Ils sont retenus pour 100 % de leur montant et l'assiette d'imposition est identique à celle de la CSG. La CRDS est acquittée, comme la CSG, en quatre versements trimestriels.

– *Revenus de remplacement*. Il s'agit des pensions de retraite (de base et complémentaires) et d'invalidité, des allocations de chômage et de préretraite, des prestations de prévoyance, des indemnités journalières de Sécurité sociale. L'assiette de la CRDS est, ici, plus large que celle de la CSG.

Deuxième contribution sur les revenus du patrimoine

Désormais, l'assiette de la CSG sur les revenus du patrimoine est identique à celle de la CRDS. Pour connaître les revenus du patrimoine soumis à la CRDS, il suffit de se reporter à l'énumération des revenus soumis à la CSG (voir p. 48). À noter que CRDS et CSG frappent les revenus pour le montant net retenu pour le calcul de l'IR et sont dues même si l'IR est inférieur au seuil de 61 €.

Troisième contribution sur les revenus de placement et de l'épargne

La contribution s'applique sur les revenus des titres d'emprunt, des créances, dépôts, cautionnements et comptes courants, des bons ou contrats de capitalisation, des comptes bloqués d'associés, des titres de créances négociables sur un marché réglementé, des parts émises par les fonds communs de créances. Les revenus de l'épargne sont les intérêts et primes d'épargne des comptes et plans d'épargne logement, les produits des bons ou contrats de capitalisation, des plans d'épargne populaire, le gain net d'un plan d'épargne en actions, les revenus de la participation, etc. Seuls sont exonérés les livrets (A, d'épargne populaire, jeune) et les CODEVI.

Quatrième contribution sur les métaux et objets précieux

Les ventes de métaux et objets précieux assujetties à la taxe forfaitaire de 7,5 % (métaux précieux) ou de 4,5 % (bijoux, objets d'art, de collection ou d'antiquité) sont également soumises à la CRDS.

Droits d'enregistrement

À côté de l'IR, étudié précédemment, d'autres impôts frappent le patrimoine des personnes physiques. Parmi ces derniers, les droits d'enregistrement grèvent l'acquisition du patrimoine : achats d'immeubles, biens reçus par succession ou donation.

La formalité de l'enregistrement

- L'enregistrement est une formalité au cours de laquelle un fonctionnaire public analyse un acte (donation, vente, partage, etc.) sur un registre spécial et encaisse les droits fixés par la loi.
- *Le calcul des droits d'enregistrement.* Ceux-ci sont calculés sur la somme en euros qui représente le montant de l'opération : en cas de vente, c'est le prix de vente stipulé (ou la valeur vénale du bien si elle est supérieure au prix) ; en cas de succession ou de donation, c'est la valeur vénale. En pratique, on perçoit les droits sur la base de la somme figurant dans l'acte (valeur déclarée), cette valeur pouvant être remise en cause lors du contrôle par l'Administration. Sauf conventions contraires, les droits sont payés par l'acquéreur ou le bénéficiaire.
- *Le but de l'enregistrement.* La formalité d'enregistrement a essentiellement pour but d'encaisser les droits à recouvrer. Subsidiairement, elle sert à donner une date certaine aux actes, et, dans certains cas exceptionnels, elle est une condition de validité de l'acte (promesse unilatérale de vente, par exemple).

Le contrôle des droits d'enregistrement

- *La base de calcul des droits est la valeur vénale.* C'est une notion économique qui correspond au prix du marché que l'on peut retirer, à un moment donné, de la vente du bien de manière idéale, l'offre et la demande jouant normalement. Une fraude possible, en matière de droits d'enregistrement, est de fixer dans l'acte une valeur déclarée inférieure à la valeur vénale. On dit alors qu'il y a insuffisance de prix (cas d'une vente) ou insuffisance d'évaluation (cas d'une donation).
- *La procédure de redressement en cas d'insuffisance.* Pour contrôler le prix de l'évaluation d'un bien, l'inspecteur des impôts dispose d'informations provenant des mutations enregistrées précédemment. Il peut également procéder à une visite sur place du bien vendu et comparer la valeur déclarée avec le prix de vente de biens similaires.

  En cas d'insuffisance, il fait connaître au contribuable le montant et les motifs du redressement envisagé par lettre recommandée avec AR. Le contribuable a un délai de trente jours pour faire connaître ses observations.

  En cas de désaccord, le contribuable et l'Administration peuvent saisir la Commission départementale de conciliation. Si l'avis de la Commission est défavorable au contribuable, ce dernier peut exercer un recours contentieux, et c'est l'Administration qui doit prouver le bien-fondé de l'imposition.
- *Les pénalités en cas d'insuffisance.* En absence de manquement délibéré, le contribuable paiera des droits augmentés d'un intérêt de retard de 0,4 % par mois. En cas de manquement délibéré, il paiera, en plus de l'intérêt de retard, une majoration de 40 %.

LA VENTE D'IMMEUBLES

Règles communes

– *Les ventes concernées*. Les droits d'enregistrement s'appliquent, outre les ventes, aux adjudications, transactions, rétrocessions, annulations et résolutions amiables.

– *Les biens imposables*. Il s'agit des immeubles ainsi que définis par le Code civil : les immeubles par nature, par destination et par détermination de la loi. En outre, seules sont normalement concernées les ventes d'immeubles situés en France. Toutefois, la vente d'un immeuble situé à l'étranger mais constatée par un acte notarié français soumis à la formalité sera soumise à un droit unique de 5 %.

Le régime général des ventes d'immeubles

– *Tarif général des droits*. Les ventes d'immeubles (d'habitation ou professionnels, terrains...) sont soumises à des droits d'enregistrement se décomposant comme suit :

• droit départemental de 3,8 % (qui peut être porté à 4,5 % par les conseils départementaux).

• taxe additionnelle communale de 1,2 %.

À ces deux taux de base s'ajoutent une majoration pour frais d'assiette égale à 2,37 % du droit départemental. Le taux plafond est par conséquent de 5,09 % ou 5,8 %. Ces droits sont à la charge de l'acquéreur.

– *Base de calcul des droits*. Les droits sont calculés sur le prix de vente stipulé auquel s'ajoutent les prestations incombant normalement au vendeur mais supportées par l'acquéreur (frais de vente...). L'Administration peut toutefois rectifier le prix ou l'évaluation d'un bien ayant servi de base à la perception d'une imposition lorsque ce prix ou cette évaluation paraît inférieur à la valeur vénale réelle des biens transmis.

– *Vente simultanée de meubles et d'immeubles*. Dans ce cas, il faut préciser deux prix distincts dans l'acte et donner, pour les meubles, une estimation détaillée ; sinon, le droit de ventes d'immeubles sera appliqué à la totalité du prix alors que les ventes de meubles constatées par acte notarié sont soumises uniquement à un droit fixe de 75 €.

Les ventes d'immeubles soumises à taux réduit

– *Les ventes concernées*. Il s'agit :

• des ventes de terrains à bâtir en vue d'acquisition d'un logement neuf ;

• des ventes à terme ou en l'état futur d'achèvement ;

• des ventes d'immeubles achevés depuis moins de 5 ans.

– *Taux réduit*. Ces ventes étant soumises à la TVA (voir p. 117), elles bénéficient de droits d'enregistrement de 0,715 % calculés sur le prix hors taxes ou de 5,09% à 5,80665 % selon les départements.

Les frais de notaire

Ces frais s'ajoutent aux droits ci-dessus. Ils correspondent notamment à la rémunération du notaire (émoluments proportionnels, dé-gressifs selon la valeur du bien, et émoluments de formalités en rémunération des démarches administratives effectuées) et aux remboursements des dépenses que ce dernier a engagées pour obtenir les informations requises pour effectuer la passation de l'acte de vente. L'acquéreur devra également acquitter le salaire du conservateur des hypothèques, soit 0,1 % du prix de vente.

Les droits de succession et de donation

Ce sont des droits d'enregistrement à la charge des héritiers, des légataires ou des donataires. Ils comportent un barème très rapidement progressif, avec un taux variant de 5 % à 40 %.

Les successions

La déclaration de succession. Dans les six mois suivant le décès, les héritiers et légataires (le légataire est le bénéficiaire d'un legs, c'est-à-dire d'une disposition à titre gratuit faite par testament) doivent déposer au bureau de l'enregistrement une déclaration des biens appartenant au défunt et payer les droits de succession.

Les biens soumis à imposition. En principe, tous les biens du défunt sont soumis à imposition, sauf quelques exonérations expressément prévues. La valeur de ces biens doit être estimée à la date du décès (valeur vénale pour les immeubles et titres non cotés, cours en Bourse pour les titres cotés, évaluation forfaitaire à 5 % de la valeur des autres biens pour les meubles meublants, sauf inventaire notarié).
Les exonérations les plus importantes sont les suivantes :
– les parts et actions de sociétés (exonération des 3/4 de leur valeur sous conditions) ;
– les contrats d'assurance vie, mais l'exonération dont ils bénéficient est remise en cause : pour les contrats souscrits ou alimentés depuis le 13/10/1998, les sommes reçues par chacun des bénéficiaires d'une assurance vie en raison du décès de l'assuré sont soumises à un prélèvement de 20 %, sous déduction d'un abattement de 152 500 € (ce dispositif ne modifie pas les règles d'imposition pour les contrats souscrits depuis le 20/11/1991 : les primes versées après l'âge de 70 ans sont soumises aux droits de succession pour la partie dépassant 30 500 €) ;
– lors de leur première transmission à titre gratuit, les biens ruraux loués par bail à long terme (exonération à hauteur de 75 % ou 50 % de leur valeur) ;
– les œuvres d'art ou de collection dont il est fait don à l'État, avec son agrément.

Les donations

Pour l'assiette des droits, les donations suivent le régime des successions avec, cependant, quelques règles particulières : le donateur peut prendre les droits à sa charge, sans qu'il s'agisse d'un complément de donation taxable ; les dettes grevant les biens donnés ne sont pas toujours déductibles pour le calcul des droits ; quelle que soit la donation, les droits sont réduits de 50 % pour les donations en pleine propriété ou en usufruit (35 % pour les donations en nue-propriété) si le donateur a moins de 70 ans, et de 30 % (10 % pour les donations en nue-propriété) s'il a entre 70 ans et 80 ans.

Le cas des donations antérieures. Normalement, il faut tenir compte des donations antérieures pour calculer les droits de succession ou de donation. Cette obligation ne s'applique pas aux donations de moins de 50 000 € passées depuis plus de six ans. De ce fait, une donation de 50 000 € à un enfant est soustraite aux droits par l'effet de l'abattement de 50 000 € et peut être suivie six ans après d'une seconde donation exonérée de droits dans la limite de 50 000 €. Un abattement de 31 865 € par donataire est applicable sur les donations réalisées par les grands-parents au profit de leurs petits-enfants.

LE CALCUL DES DROITS

Le barème des droits (applicable aux successions et donations)

En ligne directe (de parents à enfants ou de grands-parents à petits-enfants) et entre époux.

Le calcul des droits obéit aux règles suivantes :

– Pour le conjoint survivant : il est exonéré des droits de succession.

– Pour l'héritier en ligne directe (enfant vivant ou venant en représentation d'un parent décédé, parent, grand-parent) : il bénéficie d'un abattement de 100 000 € sur sa part.

– Pour une personne liée par un PACS : le partenaire est exonéré des droits de succession.

– Le frère ou la sœur du défunt bénéficie d'un abattement de 15 932 €.

– Les neveux et nièces bénéficient d'un abattement de 7 967 €.

– Les autres héritiers bénéficient d'un abattement de 1 594 € sur chaque part successorale.

En ligne collatérale ou entre non-parents :

– entre frères et sœurs : 35 % jusqu'à 24 430 €, 45 % à partir de 24 430 € ;

– entre oncles ou tantes et neveux ou nièces et entre cousins germains : 55 % ;

– entre parents (au-delà du quatrième degré) et entre non-parents : 60 %.

Dans chaque cas existe un abattement de 1 500 €, uniquement en cas de succession.

Barème des droits applicables à partir du 1er janvier 2017 :

En ligne directe		
Fraction de part nette taxable	**Taux**	**Cumul (€)**
Moins de 8 072 €	5 %	404
Entre 8 073 € et 12 109 €	10 %	808
Entre 12 110 € et 15 932 €	15 %	1 381
Entre 15 933 € et 552 324 €	20 %	108 659
Entre 552 325 € et 902 838 €	30 %	213 813
Entre 902 839 € et 1 805 677 €	40 %	529 807
Supérieure à 1 805 678 €	45 %	–

Exemple

Une personne décédée a laissé une somme de 200 000 € à son fils unique, père de 3 enfants.

Les droits de succession se calculent ainsi :

Part nette imposable après abattement : 200 000 – 100 000 = 100 000 €

Montant des droits (selon barème) : 1 381 + (100 000 – 15 932) × 20 % = 18 194,60 €

Les impôts directs locaux

Les impôts directs locaux à la charge des personnes physiques comprennent les deux taxes foncières (propriétés bâties et propriétés non bâties) ainsi que la taxe d'habitation. Leur produit revient aux communes, départements et régions, avec des taux très variables d'une commune à l'autre.

La taxe foncière sur les propriétés bâties (TF/PB)

Les biens imposables. La TF/PB est due par les propriétaires des bâtiments : locaux d'habitation, usines, bureaux, commerces, etc. Elle frappe également les terrains qui forment le sol des bâtiments ou leur dépendance immédiate, les voies de communication, les installations de stockage et certains ouvrages en maçonnerie des établissements industriels.

Les biens exonérés. Des exemptions permanentes s'appliquent aux bâtiments à usage agricole (autres que la maison d'habitation), aux bâtiments publics et aux édifices du culte. Des exemptions temporaires existent en faveur des constructions nouvelles et additions de construction d'une durée de deux ans pour les constructions nouvelles affectées à l'habitation et d'une durée de dix ou quinze ans pour les logements sociaux (sauf ceux financés au moyen du PAL).

Les personnes imposables. La taxe est due par le propriétaire de l'immeuble au 1er janvier de l'année d'imposition ou par l'usufruitier.

Le calcul de l'impôt. Le montant de la TF/PB est obtenu en multipliant le revenu net cadastral par le taux d'imposition (ce dernier variant d'une commune à l'autre et d'une année à l'autre selon les besoins des collectivités locales). Le revenu net cadastral est égal à la moitié de la valeur locative des locaux imposables. La valeur locative est fixée régulièrement lors des révisions générales des évaluations foncières, dont la dernière date du 1/1/1970 et dont la prochaine, décidée en 1990, dépend d'un nouveau vote du Parlement. Entre deux révisions générales, les valeurs locatives sont modifiées de trois manières : à l'occasion des constructions nouvelles, agrandissements, démolitions, etc. ; par une actualisation triennale (une seule en 1980) ; par application de coefficients forfaitaires de majoration annuels.

La taxe foncière sur les propriétés non bâties (TF/PNB)

Elle frappe essentiellement les terres rurales. Elle est calculée sur le revenu net cadastral égal à 80 % de la valeur locative. La valeur locative est fixée lors des révisions générales d'évaluation d'après les prix à l'hectare propres à chaque type de culture ou de terrain. Des correctifs sont appliqués entre deux révisions :
- une actualisation en 1980 des valeurs locatives fixées en 1970,
- un coefficient annuel de pondération et, depuis 1986, un coefficient déflateur.

Le montant de la taxe est égal au revenu net cadastral multiplié par le taux d'imposition en vigueur dans la commune où est située la propriété non bâtie. Le contribuable peut obtenir un dégrèvement en cas de perte de récolte ou de perte de bétail. Depuis 1993, les propriétés agricoles sont exonérées de la part régionale de la taxe et, depuis 1996, elles sont aussi exonérées de la taxe départementale. Il y a exonération complète pour les terres ensemencées, plantées ou replantées en bois.

LA TAXE D'HABITATION

Les personnes redevables

La taxe d'habitation (TH) est due par toute personne physique ou morale qui a la disposition ou la jouissance d'un local meublé, qu'elle soit propriétaire, locataire ou occupant à titre gratuit. En conséquence, le contribuable qui habite les locaux dont il est propriétaire est passible à la fois de la taxe foncière sur les propriétés bâties (en tant que propriétaire) et de la taxe d'habitation (en tant qu'occupant). S'il donne les locaux en location, c'est le locataire qui paiera la taxe d'habitation.

Les locaux imposables

Sont imposables à la taxe d'habitation (TH) les locaux meublés à usage d'habitation et leurs dépendances, les locaux occupés de façon privative par des sociétés ou organismes non soumis à la taxe professionnelle, les locaux meublés des organismes et établissements publics. En revanche, bénéficient d'exonérations les locaux soumis à la taxe professionnelle, les bâtiments à usage agricole, les bureaux des fonctionnaires publics, les locaux affectés à l'enseignement et au logement des élèves.

Le calcul et le paiement de la taxe d'habitation

La taxe d'habitation (TH) est obtenue en multipliant la valeur locative cadastrale par le taux d'imposition de la commune où est situé le local. Cette valeur locative cadastrale est celle qui sert de base (à concurrence de la moitié seulement) au calcul de la taxe foncière due par le propriétaire du même local (voir ci-contre). Des abattements pour charges de famille sont applicables à la valeur locative cadastrale : 10 % de la valeur locative moyenne des habitations de la commune pour chacune des deux premières personnes à charge, 15 % à partir de la troisième personne à charge. La TH est calculée à partir des éléments existants au 1er janvier de l'année d'imposition.

Exonérations et dégrèvements spéciaux

– *Les exonérations*. Sont notamment exonérés ou dégrevés totalement de la TH les personnes âgées de plus de 60 ans et les personnes veuves bénéficiant de faibles ressources, les bénéficiaires du RSA et les titulaires de l'allocation supplémentaire versée par le fonds de solidarité vieillesse ou le fonds spécial d'invalidité. Les contribuables les plus modestes bénéficient d'une exonération partielle de la TH.

– *Le plafonnement de la TH (ce dispositif de plafonnement sera supprimé à partir de 2020) en fonction du revenu*. Les contribuables qui ne bénéficient pas des mesures d'exonération ou de dégrèvement total et qui ont disposé de faibles revenus au cours de l'année bénéficient d'un dégrèvement d'office, sur leur habitation principale. Le dégrèvement est accordé aux contribuables dont les revenus n'excèdent pas la somme de 25 839 € pour la première part de quotient familial, majorée de 6 037 € pour la demi-part supplémentaire et de 4 752 € pour chaque autre demi-part. Le dégrèvement est égal à la différence entre la cotisation de taxe d'habitation et une cotisation correspondant à 3,44 % du revenu de référence, diminué d'un abattement fixé à 5 604 € pour la première part de quotient familial, augmenté de 1 622 € pour les quatre premières demi-parts et de 2 866 € pour les suivantes (ces abattements sont majorés dans les DOM-TOM).

Pour l'année 2020, un dégrèvement de 100 % est fixé lorsque le revenu fiscal n'excède pas 27 432 € pour la première part. Le plafond est majoré de 8 209 € pour chacune des deux demi-parts suivantes, et encore de 6 157 € pour chaque demi-part supplémentaire à compter de la troisième.

L'impôt sur la fortune immobilière

L'impôt sur la fortune immobilière (IFI) remplace l'ISF depuis le 1er janvier 2018. C'est un impôt annuel progressif à la charge des personnes physiques qui frappe un patrimoine immobilier.

Domaine d'application

- *Les personnes imposables.* Sont imposables uniquement les personnes physiques (à l'exclusion de toutes les personnes morales) qui possèdent un patrimoine immobilier dont la valeur nette (dettes déduites) est supérieure ou égale à 1,3 millions d'euros (voir le barème p. 57). Ce seuil d'imposition est apprécié par foyer.
- *La territorialité de l'IFI.* Si la personne physique a son domicile fiscal en France, elle est imposable sur la totalité de son patrimoine, que les biens soient situés en France ou à l'étranger (cependant, l'impôt sur le capital payé dans le pays étranger est imputable sur l'IFI). Si la personne physique a son domicile fiscal hors de France, elle n'est passible de l'IFI qu'à raison de ses biens situés en France.

Les biens imposables

- L'imposition est faite par foyer, c'est-à-dire que le patrimoine imposable rassemble tous les biens (sauf ceux exonérés) appartenant à une personne, à son conjoint, ainsi qu'à leurs enfants mineurs à charge. Sont imposables tous les biens immobiliers : immeubles bâtis, non bâtis, droits réels immobiliers, parts ou actions de sociétés (10 % et plus) détenant de l'immobilier en France.
- La loi a prévu de nombreuses exonérations : biens professionnels ; certains biens ruraux ou forestiers (exonération partielle à concurrence de trois quarts de leur valeur).

L'évaluation des biens imposables

- La personne imposable doit souscrire, au plus tard le 15 juin, une déclaration détaillée et estimative de son patrimoine évalué au 1er janvier de l'année concernée. Les règles d'évaluation sont les mêmes qu'en matière de successions.
- *Les biens immobiliers.* La valeur déclarée est leur valeur vénale, c'est-à-dire le prix auquel ils pourraient être vendus dans les conditions normales du marché. Un abattement de 20 % est admis sur la valeur vénale de l'immeuble utilisé comme résidence principale par son propriétaire et occupé par ce dernier au 1er janvier de l'année d'imposition.
- *Actions et parts de sociétés.* Le redevable détermine la valeur vénale de ses titres et applique un coefficient de taxation correspondant au rapport entre la valeur vénale des titres et la valeur vénale de l'ensemble des actifs de la société.

LE CALCUL DE L'IMPÔT

Les modalités de calcul : barème progressif pour 2018

Fraction du patrimoine	Base de la tranche	Taux	Montant de l'impôt (en €)
N'excédant pas 800 000 €	800 000	0 %	Exonéré
> 800 000 et ≤ 1 300 000 €	500 000	0,50 %	2 500
> 1 300 000 et ≤ 2 570 000 €	1 270 000	0,70 %	8 890
> 2 570 000 et ≤ 5 000 000 €	2 430 000	1,00 %	24 300
> 5 000 000 et ≤ 10 000 000 €	5 000 000	1,25 %	62 500
> 10 000 000 €		1,50 %	

Le seuil d'imposition reste fixé à 1 300 000 euros.

– *Décote.* Un système de décote est prévu pour les patrimoines nets taxables compris entre 1 300 000 € et 1 400 000 €. Le montant de l'impôt calculé selon le barème est réduit de la somme égale à 17 500 – (1,25 % × P), P étant la valeur nette du patrimoine.

Exemple : pour un patrimoine de 1 310 000 €, le montant de l'IFI est le suivant :

2 500 + (1 310 000 – 1 300 000) × 0,7 % = 2 570 €

Montant de la décote : 17 500 – (1,25 % × 1 310 000) = 1 125 €

IFI = 2 570 – 1 125 = 1 445 €

– *Plafonnement de l'IFI.* Le système du plafonnement permet de ne pas consacrer plus de 75 % de ses revenus au paiement des impôts. Si ce pourcentage est dépassé, le montant de l'IFI est réduit de l'excédent.

– *Réduction au titre des dons à certains organismes (Réduction « IFI-dons »).* Les redevables qui effectuent des dons au profit de certains organismes peuvent imputer sur le montant de l'IFI 75 % de leurs versements. Le montant de l'avantage fiscal au titre des dons est plafonné à 50 000 € par an.

L'exonération des biens professionnels

Selon la loi, les biens professionnels comprennent deux catégories :

– les biens nécessaires à une exploitation individuelle de nature industrielle, commerciale, artisanale, agricole ou libérale, lorsque cette activité est exercée à titre principal ;

– les immeubles affectés à l'activité d'une société détenus par le redevable sont exonérés d'IFI lorsque ces immeubles sont affectés à l'activité d'une société dans laquelle il exerce son activité professionnelle.

L'impôt sur les sociétés

L'impôt sur les sociétés (IS) frappe de plein droit le bénéfice des sociétés de capitaux et, sur option, celui des sociétés en nom collectif et des sociétés civiles. Le taux général de l'IS est de 33,1/3 %. Un taux réduit de 15 % s'applique aux plus-values de cession de certains titres (voir pp. 86 et 87).

Distinction fondamentale entre le régime des sociétés de personnes et le régime des sociétés de capitaux

Le régime des sociétés de personnes. La société de personnes n'est pas elle-même imposable sur le bénéfice qu'elle réalise. C'est chaque associé, personne physique, qui doit inclure dans les bases de l'impôt sur le revenu à sa charge la fraction correspondant à ses droits dans le bénéfice de la société, même si cette fraction n'a pas été distribuée. Par ailleurs, les règles de détermination du bénéfice sont celles applicables dans la catégorie dont relève l'activité de la société : revenus fonciers, BIC, BNC, BA (voir exceptions p. 36).

Le régime des sociétés de capitaux. C'est la société elle-même qui est imposable sur le bénéfice qu'elle réalise, l'impôt s'appelant « impôt sur les sociétés ». Les associés seront à leur tour imposables sur les bénéfices distribués par la société (dividendes). Quelle que soit la nature de l'activité de la société de capitaux, les règles de détermination du bénéfice sont celles fixées pour l'imposition des BIC.

Les collectivités imposables à l'IS

Les sociétés de capitaux sont soumises à l'IS de plein droit, du seul fait de leur forme juridique, quelle que soit leur activité. Les sociétés de capitaux comprennent les sociétés anonymes (SA), les sociétés en commandite par actions, les sociétés à responsabilité limitée (SARL), les sociétés par actions simplifiées (SAS), créées en 1994, les sociétés d'exercice libéral sous forme de SA (Selafa), ou sous forme de SARL (Selarl).
La société en commandite simple est particulière : la part du bénéfice revenant aux commanditaires est imposable à l'IS, celle revenant aux commandités est imposable à l'IR.

Les sociétés en nom collectif sont soumises à l'IS si elles ont opté expressément pour cet impôt. Sinon, leurs bénéfices sont imposables à l'impôt sur le revenu (IR) entre les mains de chaque associé, chacun dans la proportion de ses droits (p. 37). Les sociétés en participation sont dans la même situation.

Les sociétés civiles ont pour objet une activité civile : agriculture, activité libérale, location d'immeubles nus, etc. Elles sont soumises à l'IS dans les cas suivants :
- elles ont la forme de société de capitaux ;
- elles ont la forme de société civile mais ont un objet commercial (exemple : sociétés civiles immobilières qui revendent des immeubles) ;
- elles ont opté pour l'IS.

Les autres collectivités imposables. Ce sont les sociétés coopératives, les établissements et organismes publics réalisant des opérations à caractère lucratif, les établissements publics et les associations sans opérations lucratives pour les revenus de leurs immeubles, de leurs propriétés agricoles ou forestières et pour certains de leurs revenus mobiliers.

LES RÉGIMES PARTICULIERS

Les entreprises nouvelles

Des exonérations existent en faveur des entreprises nouvelles, afin de favoriser l'emploi dans certaines zones du territoire. Les entreprises pouvant en bénéficier sont celles qui se créent dans une zone :
- de redynamisation urbaine (ZRU), au plus tard le 31 décembre 2010 ;
- d'aide à finalité régionale (ZAFR), au plus tard le 31 décembre 2020 ;
- de revitalisation rurale (ZRR), au plus tard le 31 décembre 2020.

L'activité de ces entreprises doit être commerciale, industrielle, artisanale ou non-commerciale (professions libérales).

L'exonération est totale pendant 24 mois et suivie d'abattements de 75 %, 50 % et 25 % pour les 3 périodes de 12 mois qui suivent.

Jeunes entreprises innovantes

Les PME de moins de 8 ans, détenues au moins à 50 % par des personnes physiques, employant moins de 250 personnes, ayant un chiffre d'affaires inférieur à 50 M€ (ou un bilan inférieur à 43 M€) et réalisant des dépenses de recherche représentant au moins 15 % des charges totales de l'exercice, créées au 31 décembre 2019 dernier délai, bénéficient du régime des jeunes entreprises innovantes : exonération totale des bénéfices pour la première année, puis exonération de 50 % pour la deuxième année.

SARL et EURL

- Les SARL de caractère familial, c'est-à-dire constituées d'associés d'une même famille (ascendants, descendants, frères, sœurs, conjoints) peuvent, sur option, être imposées à l'impôt sur le revenu.
- Si l'associé unique d'une entreprise unipersonnelle à responsabilité limitée (EURL) est une personne physique, il est normalement imposable à l'impôt sur le revenu (IR), mais il peut opter pour l'assujettissement de l'EURL à l'IS.
- Si l'associé unique de l'EURL est une société, l'EURL est de plein droit passible de l'IS, sans possibilité d'opter pour le régime des sociétés de personnes.

Les sociétés mères

Fiscalement, une société mère est celle qui détient une participation d'au moins 5 % du capital dans une autre société de capitaux. Les sociétés mères peuvent retrancher de leur bénéfice imposable tous les dividendes qu'elles reçoivent de leurs filiales, cela pour éviter les superpositions d'impositions, les dividendes provenant de bénéfices ayant déjà supporté l'IS (voir p. 124).

Les sociétés d'investissement

Les sociétés d'investissement en valeurs mobilières (Sicav, etc.) sont exonérées d'IS sur la part de leurs bénéfices provenant des produits financiers, ou des plus-values de cession, de leurs titres. La même exonération s'applique aux sociétés de développement régional (SDR) et aux sociétés de capital-risque. Les sociétés immobilières d'investissement sont exonérées d'IS sur la part de leur bénéfice provenant de la location des immeubles leur appartenant.

Les PME bénéficiaires d'une réduction du taux de l'IS

Sont concernées les sociétés passibles de l'IS ayant un chiffre d'affaires inférieur à 7,63 M€ et dont le capital entièrement libéré est détenu, de manière continue, pour 75 % au moins, par des personnes physiques. Pour 2020, le taux de l'IS est ramené à 15 % dans la limite de 38 120 € de bénéfice imposable. Au-delà de 38 120 €, le taux de 28 % s'applique. Les plus-values à long terme (hors titres de participation) sont soumises à un taux réduit de 15 % ou bien elles sont exonérées (voir p. 88).

Territorialité de l'impôt sur les sociétés

À la différence de l'IR, l'impôt sur les sociétés frappe uniquement les bénéfices réalisés en France, ce qui signifie que les résultats à l'étranger ne sont pas retenus.

Le principe général de territorialité

Contrairement aux règles valables en matière d'impôt sur le revenu, l'impôt sur les sociétés, selon l'article 209 du CGI, ne s'applique qu'aux seuls bénéfices réalisés dans les entreprises exploitées en France et à ceux dont l'imposition est attribuée à la France par une convention fiscale internationale relative aux doubles impositions, à l'exclusion des bénéfices engendrés par une entreprise française établie à l'étranger.

La notion d'« entreprise exploitée en France » n'est pas définie par la loi, et il faut se référer aux critères fixés par le Conseil d'État. Le critère retenu est celui de l'exercice habituel d'une activité commerciale, les opérations étant effectuées en France de l'une des manières suivantes :
- dans le cadre d'un établissement stable, ayant une autonomie propre ;
- par l'intermédiaire de salariés liés par des liens de dépendance avec l'entreprise ;
- par la réalisation d'un cycle complet d'activité (achats et ventes de marchandises).

Les mêmes critères peuvent être invoqués par une société française pour n'être pas imposable en France sur les bénéfices de ses activités à l'étranger.

Si les bénéfices des entreprises exploitées hors de France ne sont pas passibles de l'IS, il en est de même pour les pertes. Cela signifie qu'une société française ne peut pas, en principe, déduire de ses résultats imposables en France les pertes qu'elle subit à l'étranger dans ses succursales ou dans ses filiales.

La France reste l'un des rares pays à respecter le principe de territorialité en matière d'IS, alors que la plupart des autres pays pratiquent une imposition mondiale. Cependant, le législateur français a prévu deux dérogations au principe général énoncé plus haut.

Les régimes dérogatoires

*Le bénéfice mondial (*pratiquement non utilisé*).* Les entreprises autorisées, par agrément ministériel, à être soumises au régime du bénéfice mondial peuvent ajouter au résultat normalement imposable en France, selon le principe général ci-dessus, les résultats de leurs exploitations directes situées hors de France, c'est-à-dire de leurs établissements (succursales, usines, bureaux) n'ayant pas de personnalité juridique distincte de la leur.

*Le bénéfice consolidé (*utilisé par une dizaine de groupes*).* L'IS frappe le résultat d'ensemble égal à la somme algébrique des résultats des exploitations directes situées en France et à l'étranger et des résultats des filiales (détenues à 50 % au moins) situées en France et à l'étranger. La société mère est amenée à inclure dans son résultat, sans attendre une distribution de dividendes, la part, proportionnelle à sa participation, du résultat fiscal (bénéfice ou perte) réalisé par chacune de ses filiales françaises et étrangères.

LES MESURES CONTRE LA DÉLOCALISATION DES BÉNÉFICES

Les versements frauduleux à des créanciers domiciliés à l'étranger

Pour payer moins d'impôt en France, il suffit de verser des charges (intérêts, redevances, etc.) à un créancier supposé, établi dans un pays étranger à faible fiscalité. De telles rémunérations sont présumées fictives par le CGI et doivent être réintégrées dans le bénéfice imposable, sauf si la société apporte la preuve de la réalité des opérations et du caractère normal des rémunérations.

Les opérations anormales de transfert de bénéfices à l'étranger

Le CGI précise que « pour l'établissement de l'impôt dû par les entreprises qui sont sous la dépendance, ou qui possèdent le contrôle d'entreprises situées hors de France, les bénéfices indirectement transférés à ces dernières, soit par voie de majoration ou de diminution des prix d'achat ou de vente, soit par tout autre moyen, sont incorporés aux résultats accusés par les comptabilités... ». Il s'agit d'éviter que, d'une manière anormale, une filiale de société étrangère ou une société française ayant une filiale à l'étranger puisse diminuer son bénéfice imposable en France.

L'administration fiscale doit établir l'existence d'opérations anormales en vue d'opérer un transfert de bénéfices à l'étranger. Cette existence d'opérations anormales constitue une présomption de transfert, et la société incriminée doit prouver qu'elle a agi pour répondre à des nécessités commerciales réelles.

Le régime particulier de présomption de transfert de bénéfices

Ce régime, prévu par l'article 209-B du CGI, concerne les sociétés passibles de l'IS et ayant des intérêts dans des sociétés étrangères établies dans des pays à régime fiscal privilégié (c'est-à-dire dans des pays où l'impôt sur les bénéfices est notablement moins élevé qu'en France). Cette présomption s'applique, en particulier, aux sociétés qui ont pris dans une telle filiale étrangère une participation d'au moins 10 %, ou un coût d'au moins 22,8 millions d'euros. Lorsque la preuve contraire n'est pas apportée, l'application du régime particulier a les effets suivants :

- la société française est imposable en France à l'IS sur le bénéfice de la société étrangère, proportionnellement à sa participation ;
- cette imposition se fait sans compensation possible avec un déficit subi en France ;
- l'impôt acquitté à l'étranger, proportionnellement à la participation, peut être imputable sur l'IS.

Ce régime est significativement modifié à compter du 1/1/06 afin de tenir compte d'une décision du Conseil d'État rendue en 2002 : le régime fiscal privilégié sera caractérisé dès lors qu'il y aura une différence de plus de 50 % entre l'impôt acquitté à l'étranger et celui dont aurait été redevable la société en France dans des conditions de droit commun ; le seuil de participation sera d'au moins 50 % ; les revenus de la filiale étrangère seront considérés comme des revenus de capitaux mobiliers et seront ajoutés aux résultats de la société mère ; les résultats de la société étrangère ne seront plus imposés séparément.

La détermination du bénéfice imposable

Le bénéfice qui sert de base au calcul de l'impôt comprend tous les enrichissements réalisés par la société dans l'année. En particulier, il englobe les plus-values de cession.

Le bénéfice imposable traduit l'enrichissement de la société

Le bénéfice imposable est le bénéfice net qui, selon le CGI, est « déterminé d'après les résultats d'ensemble des opérations de toute nature effectuées par les entreprises, y compris notamment les cessions d'éléments quelconques de l'actif, soit en cours, soit en fin d'exploitation ». Pour évaluer l'enrichissement (ou l'appauvrissement) de la société pendant la période, donc le résultat imposable, il suffit de faire la différence entre la richesse (l'actif net) à la fin de la période et la richesse (l'actif net) au début de la même période. L'actif net est la différence au bilan : (biens + créances) – dettes.

L'imposition des seuls profits réalisés

- Un profit est réalisé lorsque l'opération qui lui donne naissance est conclue définitivement. Ainsi, le profit sur une vente est réalisé s'il y a accord des volontés et créance certaine (même si le prix de vente n'est pas encaissé immédiatement, mais plus tard).

- Une plus-value est réalisée lorsque l'élément d'actif est effectivement cédé. Tant qu'il n'y a pas cession sur un marché, la plus-value éventuellement constatée sur un actif détenu est latente, virtuelle et n'est pas imposable. Elle ne le devient que lorsque l'entreprise décide de la constater en comptabilité.

L'imposition du bénéfice annuel

Selon le CGI, les impôts sur le revenu (qui comprennent l'IS) reposent sur le principe de l'annualité de l'impôt : « L'impôt est dû chaque année à raison des bénéfices ou revenus que le contribuable réalise, ou dont il dispose, au cours de la même année. »
Le bénéfice en comptabilité est déterminé dans le cadre de l'exercice annuel, qui peut ne pas coïncider avec l'année civile. Le principe d'indépendance des exercices stipule que le résultat de chaque exercice tient compte de tous les profits et de toutes les charges qui s'y rattachent, mais uniquement de ceux-là.

La détermination du bénéfice imposable à partir du résultat comptable

- En pratique, les données comptables servent de base au calcul du résultat imposable. Comme comptabilité et fiscalité n'obéissent pas à la même logique, il est nécessaire de retraiter le résultat comptable pour obtenir le bénéfice fiscal. La loi fiscale n'admet pas comme déductibles un certain nombre de charges tandis qu'elle n'impose pas certains éléments figurant dans le bénéfice comptable (bénéfices des exploitations à l'étranger, par exemple).

- En conséquence, les entreprises doivent joindre à leur déclaration fiscale une série de tableaux, avec de nombreux renseignements comptables et les corrections à apporter au résultat comptable de l'exercice pour obtenir le résultat imposable.

DIFFICULTÉ D'APPLICATION DES PRINCIPES

La fiscalité, comme la comptabilité, a adopté un certain nombre de principes sur lesquels repose la détermination du bénéfice. Comme il s'agit de mesurer des valeurs dans le temps, des difficultés ont surgi tenant au découpage du temps en exercices (indépendance des exercices), à la date de rattachement des produits, à la prise en compte de profits réalisés, de créances acquises et de dépenses engagées (comptabilité d'engagements et non de trésorerie).

Le principe d'indépendance des exercices

Le temps est découpé en périodes annuelles (exercices), et il faut rattacher à chaque exercice uniquement les produits et les charges qui le concernent. L'administration fiscale veille, en particulier, à ce qu'une charge normalement déductible pendant un exercice ne soit pas imputée dans les comptes d'un autre exercice. De même, les produits doivent être rattachés à l'exercice adéquat.

Les critères de rattachement des produits

Pour déterminer la date de rattachement des produits, qui permettra de dire à quel exercice ils doivent être imputés, il faut définir des critères de rattachement, qui sont les suivants :
– pour les ventes, le critère est la livraison des biens vendus ;
– pour les services, c'est l'achèvement des prestations.
Ainsi, dans une affaire commerciale, il n'y a produit (ou profit) pour le vendeur d'un bien ou le prestataire d'un service qu'à la date où, ayant rempli ses obligations (livraison du bien ou prestation achevée), il détient sur son client une créance acquise. En particulier, l'acceptation d'une commande ne constitue pas le critère d'une vente, car il n'y a pas naissance d'une créance certaine.

La prise en compte des seuls profits réalisés

Le bénéfice imposable correspond à la différence entre les valeurs de l'actif net à la clôture et à l'ouverture de l'exercice. Pour calculer l'actif net, on tient compte des valeurs brutes, c'est-à-dire des valeurs des éléments lors de leur entrée dans le patrimoine. Les plus-values potentielles de détention ne sont pas comptabilisées, par application du principe comptable de prudence ; ces plus-values n'entreront dans le bénéfice imposable que lorsqu'elles deviendront certaines, du fait qu'elles seront effectivement réalisées à la suite d'une vente.
Cependant, en contradiction avec ce qui précède, une disposition législative expresse incluse dans le CGI décide que tous les écarts de change potentiels constatés à la clôture des exercices doivent obligatoirement être pris en compte pour la détermination du résultat imposable de ces exercices. De même, sont imposables les écarts sur contrats en cours, constatés à la fin de l'exercice, pour les opérations traitées sur les marchés à terme d'instruments financiers (Matif, Monep, contrats et options sur devises).

Une comptabilité d'engagements et non de trésorerie

Conformément à la pratique comptable, on ne prend pas en compte les seules recettes et dépenses enregistrées au cours d'un exercice (comptabilité de trésorerie), mais toutes les créances acquises et les dettes certaines (comptabilité d'engagements).

Le bénéfice brut professionnel

Le bénéfice brut professionnel est la différence entre les ventes et les achats consommés.

Le calcul du bénéfice brut professionnel (BBP)

- *Cas d'une entreprise commerciale.*

BBP = ventes de marchandises – (achats de marchandises + stock d'ouverture – stock de clôture). Les marchandises sont des biens destinés à être revendus en l'état.

- *Cas d'une entreprise industrielle.*

BBP = ventes de produits – (achats de matières + stock d'ouverture – stock de clôture) – frais de fabrication.

Le rattachement des produits imposables

- *Règle générale.* Les créances sur les clients (et les versements faits d'avance par ces derniers) engendrent un profit imposable au titre de l'exercice pendant lequel a lieu la livraison des biens vendus, pour les ventes de biens, et l'achèvement des prestations, pour les fournitures de services.

- *Règles particulières.*

– Prestations continues : locations et prêts d'argent. On doit inclure dans les résultats de chaque exercice les loyers et intérêts courus et non les sommes encaissées.
– Prestations continues concernant plusieurs exercices (contrats d'entretien, par exemple). Comme précédemment, on doit inclure les rémunérations dans les résultats au fur et à mesure de l'exécution des prestations.
– Gros travaux donnant lieu à réception provisoire (BTP). Les produits sont enregistrés, au plus tôt, à la date de réception provisoire ou à celle de mise à la disposition du maître de l'ouvrage.
– La vente avec clause de réserve de propriété est rattachée à l'exercice pendant lequel a lieu la remise matérielle du bien.

L'évaluation des créances et des dettes

- *Les créances et dettes libellées en euros* figurent au bilan pour leur valeur nominale ou leur valeur de remboursement si cette dernière est supérieure. Si une créance non indexée n'est pas exigible immédiatement et si elle ne produit pas d'intérêts, sa valeur actuelle est inférieure à son nominal. Cependant, sauf exception, le Conseil d'État n'admet pas la déduction fiscale d'une provision pour ramener ces créances à leur valeur actuelle.

- *Les créances et dettes en monnaie étrangère.* En comptabilité, les écarts de change qui apparaissent à la clôture de l'exercice et qui représentent des plus-values potentielles ne figurent pas dans le résultat de l'exercice. Seules les moins-values sont constatées par voie de provisions. En fiscalité, au contraire, les gains et pertes de change potentiels constatés à la clôture de l'exercice doivent être pris en compte pour la détermination du résultat imposable.

L'ÉVALUATION DES STOCKS

Les règles générales d'évaluation

Selon le CGI, les stocks sont évalués au prix de revient ou au cours du jour de la clôture de l'exercice, si ce cours est inférieur au prix de revient. Le prix de revient (on devrait dire, comme les comptables, le coût de revient) est un coût hors TVA ; en effet, la TVA supportée lors des achats est déductible de la TVA collectée sur les ventes et ne constitue pas une charge pour l'entreprise.

– *Biens achetés par l'entreprise.* Il s'agit des marchandises, approvisionnements et emballages. Le coût de revient des biens achetés est représenté par leur coût d'achat, qui englobe prix d'achat et frais accessoires d'achat (frais de transport, d'assurances, de dédouanement, etc.).

– *Biens fabriqués par l'entreprise.* Le coût de revient de ces produits (produits finis, demi-finis, en-cours, etc.) correspond à leur coût de production, c'est-à-dire au coût d'achat des approvisionnements utilisés et aux charges directes et indirectes de production. Sont inclus dans le coût de production les dotations aux amortissements et aux provisions concernant les éléments participant à la fabrication, les frais généraux et administratifs engagés dans l'œuvre productive ; en revanche, les frais financiers, les frais de commercialisation, les frais de recherche scientifique et technique n'en font pas partie.

– *Cours du jour.* Les stocks doivent être évalués au cours du jour à la clôture de l'exercice si le cours du jour est inférieur au coût de revient calculé comme indiqué ci-dessus (coût d'achat pour les biens achetés, coût de production pour les biens fabriqués). Le cours du jour est le prix auquel sont vendus les biens sur le marché, à la date de la clôture de l'exercice. Pour les biens qui ne font pas l'objet de transactions régulières et pour lesquels il n'y a pas de cours notoirement connus, on retient comme cours du jour la valeur probable de réalisation, c'est-à-dire le prix auquel l'entreprise peut normalement escompter vendre les biens.

– *Enregistrement du cours du jour.* Lorsque le cours du jour doit être substitué au coût de revient, il faut avoir recours à l'enregistrement comptable d'une dépréciation, calculée comme suit :

Valeur du stock au coût de revient
– Valeur du stock au cours du jour
= Dépréciation

Il est à noter que le calcul de la provision est fait produit par produit, sans possibilité de compenser des dépréciations sur certains produits par des surplus sur d'autres.

Les règles particulières

Selon le CGI, est interdite la déduction fiscale de la provision représentative des charges restant à supporter pour mettre les stocks en état d'être vendus au cours du jour (autrement dit, sont exclus les frais de commercialisation). Les entreprises du bâtiment et prestataires de services doivent faire apparaître à l'actif du bilan de fin d'exercice les stocks de travaux en cours à leur coût de revient (c'est-à-dire à leur coût de production). Si une différence est constatée entre ce coût de revient et le prix de vente convenu pour l'exécution de ces mêmes travaux en cours, rien ne s'oppose à ce qu'une provision déductible soit enregistrée pour cette différence.

Les profits accessoires

Les profits accessoires s'ajoutent au bénéfice brut professionnel pour la détermination du bénéfice imposable. Ils comprennent tous les produits qu'une entreprise réalise à l'occasion de son activité, en dehors des ventes de biens et services incluses dans le bénéfice brut professionnel.

Les revenus immobiliers

Tous les revenus tirés de la location des immeubles figurant à l'actif du bilan de l'entreprise entrent dans son bénéfice imposable, sous déduction des frais imputables à ces immeubles (amortissement, réparation et entretien, frais divers).

Les subventions

Les subventions d'exploitation se distinguent des subventions d'équipement.

- *Les subventions d'exploitation* consistent en une aide financière, accordée aux entreprises par l'État, les collectivités publiques ou des tiers, qui est soit définitivement acquise soit susceptible d'être remboursée. Elles sont, en principe, imposables au titre de l'exercice au cours duquel leur octroi est certain.

- *Les subventions d'équipement* sont celles dont bénéficie l'entreprise en vue d'acquérir ou de créer des valeurs immobilisées. L'imposition échelonnée est organisée comme suit :
  – en cas d'immobilisations non amortissables, les subventions doivent être rapportées, par fractions égales, au bénéfice imposable des années pendant lesquelles les immobilisations sont inaliénables ou, à défaut de clause d'inaliénabilité, aux bénéfices des dix années suivant celle du versement de la subvention (à raison de 1/10 de la subvention par année) ;
  – en cas d'immobilisations amortissables, les subventions doivent être rapportées au bénéfice imposable des exercices suivant celui du versement, à concurrence des amortissements pratiqués (en même temps et au même rythme que les amortissements lorsqu'elles financent seulement une partie des immobilisations).

Les produits financiers

- *Les revenus de titres de participation.* Sous certaines conditions, les sociétés mères bénéficient d'une exonération spéciale sur les dividendes qu'elles reçoivent de leurs filiales (voir p. 124).

- *Les revenus des autres immobilisations financières et des valeurs mobilières de placement* (intérêts des obligations, dividendes d'une société non filiale). Les intérêts d'obligations sont inclus dans le résultat imposable au fur et à mesure qu'ils ont couru. Les dividendes entrent dans le résultat de l'exercice au cours duquel ils sont encaissés. Tous ces revenus donnent droit, dans certains cas, à une déduction sur le montant de l'IS (crédit d'impôt, étudiés plus loin).

- *Les revenus des participations dans des sociétés de personnes.* Le bénéfice d'une société de personnes est directement imposé au nom des associés, chacun d'eux à raison de la part correspondant à ses droits. Une SA ou une SARL membre d'une société de personnes doit donc réintégrer extracomptablement dans ses résultats imposables sa part du bénéfice fiscal de la société dont elle est membre.

CONTRATS À TERME D'INSTRUMENTS FINANCIERS

Le régime fiscal des profits et pertes sur contrats à terme d'instruments financiers

– *Instruments financiers concernés.* Ce sont, d'une manière générale, les instruments échangés sur un marché, dont le support est constitué par des taux d'intérêt, des valeurs mobilières, des indices boursiers, des devises : contrats et options négociés sur le Matif, options sur le Monep, etc.

– *Présentation du régime fiscal*

• Profits et pertes constatés lors du dénouement des contrats à terme : ils affectent directement le résultat imposable immédiatement pour les profits, la déductibilité des pertes se trouvant différée lorsque celles-ci ont pour contrepartie un profit latent sur une position symétrique (voir ci-dessous).

• Profits et pertes latents sur contrats en cours à la clôture de l'exercice : ils doivent être pris en compte, en principe, dans le résultat imposable, pour les montants que l'entreprise aurait enregistrés en dénouant sa position à terme en fin d'exercice. Il y a cependant deux exceptions : celle relative aux pertes différées lorsqu'elles sont compensées par un gain latent sur position symétrique (voir ci-après) et celle relative aux profits latents destinés à compenser le risque d'une opération future.

– *Profits latents destinés à compenser le risque d'une opération future.* L'imposition du profit latent réalisé sur un contrat en cours à la clôture de l'exercice est reportée au dénouement de celui-ci dans les deux cas suivants :

• lorsque le contrat en cours à la clôture de l'exercice a pour cause exclusive de compenser le risque d'une opération de l'un des deux exercices suivants ;

• ou bien, si ce contrat est un instrument de change, lorsqu'il est destiné à compenser le risque d'une opération future, quelle qu'en soit l'échéance prévisible.

La déduction des pertes dans le cas de positions symétriques

– *Définition des positions symétriques.* On appelle position la détention directe ou indirecte de contrats à terme d'instruments financiers, de valeurs mobilières, de devises, de prêts ou d'emprunts, ou d'un engagement portant sur ces éléments. Il y a position symétrique si la détention porte sur des éléments dont la valeur ou le rendement varie de manière inverse ou corrélée.

– *Réglementation des positions symétriques.* La déduction fiscale des pertes (latentes et définitives) sur des instruments à terme ou des actifs financiers est différée lorsque ces pertes ont pour contrepartie un gain non encore imposé (profit latent) sur une position symétrique. Cela concerne les entreprises qui, notamment, utilisent un instrument financier pour assurer la couverture du risque de dépréciation d'un actif ou du risque d'augmentation d'un engagement et qui subissent une perte sur cet instrument à la suite d'anticipations erronées ; la perte se trouve compensée par l'évolution favorable, inespérée, de la valeur de l'actif qui augmente ou du coût de l'engagement qui diminue.

– *Modalités pratiques de déduction des pertes.* L'entreprise doit fournir la déclaration de ses positions symétriques sur un relevé joint à sa déclaration de résultat. La perte subie sur une position n'est fiscalement déductible que pour la fraction de son montant qui excède les gains latents, non encore imposés, sur la position symétrique.

Les frais généraux (1)

Selon le CGI, les frais et charges déductibles sont les achats, les frais généraux, les amortissements et les provisions. Les frais généraux sont des charges décaissables (autres que les achats) qui n'ont pas comme contrepartie l'entrée d'un nouvel élément dans l'actif de l'entreprise.

Définition et conditions de déductibilité

Les frais généraux sont définis comme des dépenses engagées en vue de l'obtention du revenu de l'entreprise et se traduisant par une diminution de l'actif net de l'entreprise, c'est-à-dire de sa richesse. On oppose traditionnellement les frais généraux aux dépenses d'immobilisations, qui ont pour contrepartie de faire entrer un nouvel élément dans l'actif de l'entreprise.

La déduction des frais généraux du résultat imposable est subordonnée à trois conditions :
– les frais doivent se rattacher à la gestion normale de l'entreprise et être engagés dans l'intérêt de celle-ci, ce qui exclut les dépenses somptuaires et les dépenses à caractère personnel ;
– les frais doivent être régulièrement comptabilisés et justifiés par des pièces justificatives (factures, pièces de caisse, etc.) ; en outre, pour certains frais généraux, des relevés spéciaux sont imposés (plus fortes rémunérations, frais de déplacement et de réception, etc.) ;
– les frais doivent se traduire par une diminution de l'actif net de la société.

Les différents frais généraux

Ils sont très variés, et il suffit de se référer à la liste des charges donnée par le Plan comptable général (voir *La comptabilité,* dans la même collection) : charges externes (services extérieurs), impôts et taxes, charges de personnel, charges de gestion courante, charges financières. Seuls seront étudiés dans les pages suivantes les principaux postes.

Les charges externes

Elles regroupent les dépenses engagées à l'extérieur par l'entreprise pour les besoins de son activité.

Les loyers des locaux professionnels et du matériel n'appartenant pas à l'entreprise sont déductibles du bénéfice imposable à condition qu'ils n'excèdent pas leur valeur locative normale.

Les primes d'assurances sont déductibles lorsqu'elles sont destinées à couvrir un risque dont la réalisation entraînerait la perte d'un élément d'actif ou une charge d'exploitation déductible. Ainsi, sont déductibles les primes contre les risques de grèves et d'émeutes, de perte de bénéfice après incendie, ou les primes versées au profit des employés (indemnités de départ à la retraite, pensions de retraite).

Les frais d'entretien et de réparation sont déductibles du résultat imposable s'ils n'ont d'autre objet que de maintenir un élément de l'actif en état tel que son utilisation puisse être poursuivie jusqu'à la fin de la période d'amortissement. Si, au contraire, ils augmentent la valeur du bien, ils ne sont pas déductibles.

DIFFICULTÉ DE DISTINGUER LES FRAIS GÉNÉRAUX DES IMMOBILISATIONS

Les frais d'acquisition d'immobilisations

Les droits de mutation et d'enregistrement, les honoraires notariaux, les commissions versées à un intermédiaire, notamment, sont, au choix du contribuable, soit compris dans les charges déductibles de l'exercice, soit rattachés au coût d'acquisition et amortissables sur sa durée d'utilisation.

Les frais d'acquisition de titres de participation

Ces frais peuvent, sur option, être rattachés au coût d'acquisition des titres ou comptabilisés en charges. Cette option est en principe irrévocable.

Les matériels et outillages de faible valeur

Par souci de simplification, l'administration fiscale admet que les matériels et outillages dont le prix d'achat unitaire hors taxes ne dépasse pas 500 € soient considérés comme des frais généraux, à condition qu'il y ait comptabilisation immédiate dans un compte de charges. Cette solution s'applique aussi aux logiciels et au mobilier acheté pour le renouvellement courant du mobilier installé.

Les dépenses affectées aux immobilisations existantes

On doit distinguer trois catégories de dépenses :

– les dépenses qui entraînent une augmentation de la valeur de l'immobilisation (agrandissement, aménagements nouveaux) ;

– les dépenses qui prolongent la durée probable d'utilisation ;

– les dépenses qui maintiennent en état l'élément d'actif sans accroître sa durée d'utilisation (travaux d'entretien et de réparation).

Seules ces dernières sont considérées comme des frais généraux et sont immédiatement déductibles du résultat imposable ; les autres sont portées à l'actif et amortissables.

Erreur d'imputation. Lorsque l'entreprise a porté en frais généraux une dépense relevant normalement des immobilisations amortissables, elle doit, pour rectifier l'erreur, établir un plan d'amortissement de l'élément concerné depuis sa date d'entrée dans le patrimoine et comptabiliser la charge d'amortissement depuis cette date, ce qui permettra d'obtenir la déduction fiscale de cette charge.

Le droit d'entrée versé au propriétaire des locaux loués

– *Définition du droit d'entrée.* C'est une somme versée au propriétaire d'un local par le preneur lors de la conclusion d'un bail. En général, cette pratique se justifie lorsque le niveau des loyers est faible, dans le cas d'immeubles anciens, par exemple, et le droit d'entrée constitue une sorte d'indemnité compensatrice.

– *Pour le propriétaire bailleur,* le droit d'entrée constitue un revenu imposable à titre de supplément de loyer, sauf s'il est démontré qu'il vient compenser une dépréciation de la valeur des locaux ou qu'il représente le prix de vente d'un élément incorporel de l'actif commercial du propriétaire.

– *Pour le locataire,* la solution est symétrique : le droit d'entrée constitue une charge déductible (avec étalement de la déduction sur la durée du bail), sauf lorsqu'il correspond, pour le locataire, au prix d'achat d'éléments incorporels, ce qui est réalisé lorsque le total du loyer et du droit d'entrée excède la valeur locative réelle du local.

Les frais généraux (2)

Outre les charges externes, les frais généraux comprennent notamment les impôts et taxes, les charges de personnel, les charges financières. Ces charges, enregistrées en comptabilité, ne sont pas toutes déductibles fiscalement.

Les impôts et les taxes

Ils sont déductibles, sauf s'ils font l'objet d'une exclusion expresse.

- *Les impôts et taxes dont la déduction est expressément interdite* comprennent l'impôt sur les sociétés (IS), le prélèvement exceptionnel et la contribution sociale. Certaines taxes spéciales sont non déductibles : la taxe locale d'équipement, la taxe spéciale sur les voitures de tourisme des sociétés.

- *Tous les autres impôts et taxes sont déductibles :* taxe sur les salaires, taxe d'apprentissage, taxe foncière, taxe professionnelle, droits d'enregistrement, contributions indirectes, droits de douane, taxes parafiscales.

Les charges de personnel

- *Les rémunérations* allouées par les entreprises ne sont déductibles que dans la mesure où elles correspondent à un travail effectif et ne sont pas excessives eu égard à l'importance du service rendu. Cette double limitation est susceptible de s'appliquer à tous les bénéficiaires de rémunérations. En pratique, elle est mise en œuvre principalement à l'égard du personnel dirigeant. Les rémunérations allouées aux dirigeants des sociétés passibles de l'IS sont déductibles si elles ne dépassent pas la rétribution normale des fonctions exercées par les intéressés. Ces rémunérations peuvent aussi comprendre des jetons de présence alloués aux membres du conseil d'administration (ou de surveillance) des SA ; ces jetons de présence ne sont déductibles que dans la limite de 5 % du produit obtenu en multipliant la rémunération moyenne des salariés les mieux rémunérés de la société par le nombre d'administrateurs (ou de membres du conseil de surveillance).

- *Les indemnités pour frais d'emploi.* Les indemnités de l'entreprise versées en couverture de dépenses supportées par le personnel à titre de frais de représentation, de déplacement, de documentation, etc., constituent des frais généraux déductibles, sauf si elles sont exagérées. Pour la détermination de leur résultat fiscal, les sociétés ne peuvent tenir compte des indemnités forfaitaires de représentation et de déplacement qu'elles versent à leur personnel lorsque les frais habituels de même nature sont déjà remboursés aux intéressés et sont compris dans les charges déductibles. C'est la règle du non-cumul.

- *Les charges sociales et autres dépenses au profit du personnel.* Les cotisations patronales versées aux organismes sociaux (Sécurité sociale, assurance chômage, caisses de retraite, etc.) sont des charges déductibles. De même, les sommes allouées aux salariés dans le cadre des régimes de participation au résultat, d'intéressement et de plan d'épargne d'entreprise (ordonnance du 21/10/1986) sont déductibles du résultat (du résultat de l'exercice suivant pour la participation).

COMPLÉMENTS

Les charges de personnel

Exemple :

Une entreprise emploie 170 personnes. En N, le total des rémunérations brutes versées aux dix personnes les mieux payées s'est élevé à 815 480 € (dont 526 710 € pour les cinq personnes les mieux payées). Parmi celles-ci, figure la rémunération du directeur technique, qui fait partie des douze administrateurs de la SA. Il percevra 7 000 € de jetons de présence, comme chaque administrateur, payables en N+1, après approbation des comptes. En qualité de directeur technique, il a perçu 63 710 € de rémunérations brutes. De plus, la société lui a versé une allocation forfaitaire pour frais de 4 800 € et il a obtenu le remboursement de ses frais réels de déplacement (justifiés) pour un montant de 2 800 €.

La rémunération de 63 710 € représente une charge déductible ainsi que les 4 800 € d'allocation forfaitaire en raison de la qualité de dirigeant et les frais réels de déplacement du fait de leur justification.

La déductibilité des jetons de présence est limitée à hauteur de : 5 % × (526 710/5) × 12 = 63 205,20 €. Le montant versé aux douze administrateurs est de : 7 000 × 12 = 84 000 €. La société doit réintégrer la somme de : 84 000 – 63 205,20 = 20 794,80 €.

Les frais généraux (3)

Il convient de traiter fiscalement les intérêts versés aux associés lors de dépôts sur compte courant. De plus, le versement sous forme de dons doit répondre à certaines conditions particulières.

Les charges financières et diverses

Les intérêts dus à des tiers. Les intérêts des capitaux empruntés par l'entreprise pour ses propres besoins constituent une charge déductible.

Les intérêts des comptes courants d'associés. Les intérêts versés aux associés à raison des sommes placées sur leurs comptes courants sont déductibles du résultat fiscal aux conditions suivantes, valables pour toutes les sociétés :
1) la déduction fiscale des intérêts n'est accordée que si le capital a été intégralement libéré ;
2) limitation concernant le taux d'intérêt : depuis le 1/1/1999, le taux maximum des intérêts déductibles est égal à la moyenne annuelle des taux effectifs moyens pratiqués par les établissements de crédit pour des prêts à taux variable aux entreprises, d'une durée initiale supérieure à deux ans (en abrégé : TMPV).

Les autres frais généraux.
– *Dons et subventions versés par l'entreprise :* ils sont déductibles s'ils sont versés dans l'intérêt de l'entreprise ou de son personnel. Dans la limite de 5 ‰ du chiffre d'affaires, les versements effectués au titre du mécénat (à des œuvres et organismes d'intérêt général, aux fondations par les personnes morales fondatrices, etc.) ouvrent droit à un crédit d'impôt de 60 %. Corrélativement, les dépenses effectuées ne sont pas déductibles du bénéfice imposable.

– *Dépenses de fonctionnement nécessitées par les opérations de recherche :* ces dépenses, au choix de l'entreprise, peuvent être immobilisées et amorties ou bien portées en charges déductibles du résultat de l'exercice au cours duquel elles sont effectuées.

À noter : depuis 2019, un mécanisme de plafonnement de la déductibilité des charges financières a été mis en place : les sociétés soumises à l'IS peuvent être obligées de réintégrer une fraction de charges financières qui dépassent :
– soit 30 % de l'EBITDA fiscal (résultat fiscal corrigé de certains éléments financiers et non décaissables) ;
– soit 3 000 000 € si ce montant est plus élevé.

Les charges réintégrées peuvent faire l'objet d'une déduction au cours des exercices suivants dans les mêmes plafonds et après charges de l'année. Les capacités de déduction inexploitées sont « récupérables » au cours des cinq exercices suivants.

Pour les exercices clos à compter du 31/12/2019, les entreprises peuvent choisir de déduire 75 % des dépenses au-delà du plafond mais renoncent au report sur les exercices ultérieurs.

EXEMPLES

Les intérêts des comptes courants

Exemple : soit une société passible de l'IS, au capital de 20 000 €, avec des comptes courants créditeurs dont les niveaux ci-après sont demeurés stables pendant tout l'exercice :
- associés non dirigeants : globalement, 15 000 € ;
- associés dirigeants : globalement, 40 000 €.

Le taux annuel des intérêts pratiqués par l'entreprise a été de 6 %, alors que le taux limite pour la déductibilité des intérêts est supposé égal à 1,32 %.

Charges d'intérêt en comptabilité : (15 000 + 40 000) × 6 % = Limitation concernant le taux d'intérêt : à réintégrer : 55 000 × (6 % – 1,32 %) = Total à réintégrer au résultat : Intérêts déductibles : 3 300 – 2 574 =	 2 574 	3 300 2 574 726
Vérification des intérêts déductibles : 55 000 × 1,32 % =		726

Les dons

Une entreprise a versé 2 650 € de dons à une association sportive. Le chiffre d'affaires réalisé s'élève à 480 000 €.

La charge de 2 650 € est réintégrée au résultat imposable. Mais la limite donnant droit au crédit d'impôt est dépassé, à savoir : 5 % × 480 000 € = 2 400 €.

Le crédit d'impôt sera égal à : 60 % × 2 400 = 1 440 €. Les 250 € de dons n'ayant pas donné lieu à un crédit d'impôt seront pris en compte l'année suivante.

Le contrôle des frais généraux

La tentation est grande pour les entreprises d'intégrer dans les frais généraux des dépenses qui n'en sont pas ou de profiter de leur déductibilité pour les gonfler anormalement.

Le relevé de frais généraux

À l'appui de la déclaration annuelle des résultats, les entreprises doivent obligatoirement déclarer, sur un relevé spécial n° 2067 SD, les frais généraux suivants, lorsque ceux-ci dépassent une certaine limite :

Catégorie de frais	Seuils
Rémunérations versées : – aux 10 personnes les mieux rémunérées dans les entreprises de plus de 200 salariés – aux 5 personnes les mieux rémunérées dans les entreprises de moins de 200 salariés – à l'une de ces personnes prises individuellement	 300 000 € 150 000 € 50 000 €
Frais de voyage et déplacements	15 000 €
Dépenses et charges afférentes aux véhicules et autres biens mis à la disposition de ces personnes ainsi qu'aux immeubles non affectés à l'exploitation	30 000 €
Cadeaux autres que ceux destinés à la publicité et inférieurs à 65 € TTC	3 000 €
Frais de réception, restaurant et de spectacle	6 100 €

Les dépenses somptuaires

Ce sont des charges réputées ne pas être utiles, à proprement parler, à l'exercice de l'activité professionnelle et qui doivent être réintégrées dans le résultat imposable, sauf dans les cas, exceptionnels, où l'activité rend ces charges nécessaires.

Les dépenses somptuaires sont les frais généraux suivants :
– l'amortissement des voitures particulières pour la partie de leur prix d'achat dépassant la limite de l'amortissement fiscalement autorisé : 18 300 € ou 9 900 € selon le niveau de pollution en CO_2 des véhicules ;
– les charges motivées par la possession ou l'utilisation de yachts ou de bateaux de plaisance ; les charges (sauf celles de caractère social) motivées par la possession ou l'utilisation de résidences de plaisance ou d'agrément ;
– les charges liées à l'exercice de la chasse et à l'exercice non professionnel de la pêche. Toutefois, la loi permet la déduction des charges d'achat, de location et d'entretien de demeures historiques classées exposées pour les besoins de l'exploitation ainsi que les dépenses relatives aux résidences de plaisance, à la navigation de plaisance et à la pêche lorsqu'elles ont un caractère social et sont au bénéfice de l'ensemble du personnel.

Exemple de calcul d'amortissement de voiture particulière à réintégrer dans le bénéfice imposable. Soit une voiture particulière acquise le 1/1/2019 pour 35 000 € (dont TVA 5 376 € + Taux dioxyde < 135 gr/Km et amortie linéairement en cinq ans (taux 20 %). L'amortissement comptable annuel (exercice = année civile) est de : 35 000 × 20 % = 7 000 € et l'amortissement fiscal déductible : 18 300 × 20 % = 3 660 €. Il faut réintégrer chaque année dans le bénéfice fiscal et pendant cinq ans : 7 000 – 3 660 = 3 340 €.

LES LIMITES DU CONTRÔLE FISCAL

L'administration fiscale peut contrôler l'exactitude et la réalité du résultat imposable et, en particulier, s'assurer par une vérification de comptabilité que les produits et les charges ont été correctement évalués et enregistrés. Mais dans quelles conditions peut-elle remettre en cause les décisions prises par le chef d'entreprise et juger de leur opportunité ? Deux idées permettent de répondre à cette question : 1° le chef d'entreprise est libre de sa gestion et l'administration fiscale ne peut s'immiscer, en principe, dans cette gestion ; 2° cependant, l'Administration peut rectifier les décisions non conformes à la réglementation fiscale.

En principe, le fisc ne peut s'immiscer dans la gestion des entreprises

Le principe est simple : le chef d'entreprise est libre de sa gestion ; lui seul peut apprécier comment il doit conduire son entreprise, comment il doit financer ses besoins, en empruntant, par exemple, même s'il dispose de disponibilités lui permettant de ne pas emprunter. Autrement dit, le fisc n'exige pas du chef d'entreprise qu'il gère son entreprise de la meilleure manière, selon les prescriptions de la théorie financière ou comptable ; le bénéfice imposable est le bénéfice réalisé et non le bénéfice qui aurait été obtenu dans des conditions théoriques. Bien entendu, si le contribuable commet une erreur dans ses enregistrements comptables, cette erreur sera rectifiée, car une erreur, à la différence d'une décision, est involontaire par hypothèse.

Cependant, l'Administration peut rectifier les décisions irrégulières

– *Définition des décisions irrégulières.* S'il est vrai que le fisc ne peut apprécier l'opportunité des décisions du chef d'entreprise, il peut intervenir et rétablir le vrai résultat imposable lorsqu'il y a des abus entraînés par le non-respect des règles fiscales. Autrement dit, il existe des décisions de gestion régulières et irrégulières : les décisions sont régulières si elles sont conformes à la réglementation fiscale, elles sont irrégulières dans le cas contraire.

– *Rectification des décisions irrégulières.* Si les décisions de gestion régulières ne peuvent être remises en cause ni par le contribuable ni par l'Administration, les décisions irrégulières pourront être rectifiées par l'Administration et elles seront opposables au contribuable qui ne pourra pas en demander la rectification.

Les actes de gestion anormaux

– *L'acte de gestion anormal.* L'entreprise animée par une volonté d'évasion fiscale limite son bénéfice imposable par des dépenses excessives ou la renonciation à des possibilités de profit, avec, en contrepartie, un avantage pécuniaire ou autre pour les associés, les dirigeants ou toute personne ou société liée à l'entreprise.

Exemples :

• L'entreprise verse des loyers excessifs pour la location d'immeubles appartenant à une société avec laquelle elle a des intérêts communs.

• Un prêt sans intérêts est accordé par l'entreprise à l'un de ses dirigeants.

– *Limites de l'acte de gestion anormal.* Cependant, l'acte de gestion conforme à la définition donnée plus haut n'est pas systématiquement considéré comme anormal par la jurisprudence si des justifications utiles sont fournies sur le bien-fondé de l'opération au regard des intérêts de l'entreprise.

Les amortissements

Au sens large, le Plan comptable général définit l'amortissement comme « une réduction jugée irréversible, répartie sur une période déterminée, du montant porté à certains postes du bilan ». Il s'agit ici exclusivement de l'amortissement des immobilisations, qui constitue une charge non décaissable.

Les trois conceptions possibles de l'amortissement des immobilisations

- *La conception juridique :* l'amortissement-dépréciation. L'amortissement est la constatation de la dépréciation des immobilisations, imputable à l'usure, au changement des techniques, à l'écoulement du temps ou à toute autre cause.
- *La conception économique :* l'amortissement-répartition. C'est la répartition du montant amortissable d'une immobilisation sur sa durée probable d'utilisation.
- *La conception financière :* l'amortissement-renouvellement. L'amortissement a pour but de dégager les ressources nécessaires au remplacement des immobilisations.

L'obligation fiscale de pratiquer des amortissements

- *Biens amortissables : les immobilisations.* Il s'agit de biens meubles ou immeubles, que l'entreprise achète pour les utiliser durablement et qui sont placés en comptabilité dans les immobilisations. Par ailleurs, ces immobilisations doivent se déprécier, de manière irréversible, avec le temps, de telle sorte que leur valeur deviendra nulle dans un certain nombre d'années, conformément à la conception juridique.
- *Exception : le petit matériel.* Les matériels dont la valeur unitaire hors taxes est inférieure à 500 € peuvent être directement portés en charges immédiatement déductibles, au lieu d'être inscrits dans les immobilisations amortissables.
- Pour être déductibles, les amortissements doivent être comptabilisés, c'est-à-dire que la déductibilité est subordonnée à la constatation comptable des amortissements.
- Le CGI exige que les amortissements comptabilisés soient au moins égaux à l'amortissement linéaire, qui constitue un minimum obligatoire. Si cette obligation n'est pas respectée, l'entreprise perd le droit de déduire la fraction d'amortissement indûment différée. Ainsi, une machine de 5 000 € acquise en début d'année et amortissable pendant cinq ans doit être amortie de 1 000 € au moins la première année (5 000/5 = 1 000). Si l'amortissement pratiqué n'est que de 600 €, la différence de 400 € ne pourra plus être déduite des bénéfices imposables.

Amortissement par composant

La méthode par composant consiste à comptabiliser séparément en tant que composant les éléments principaux d'immobilisations corporelles qui font l'objet de remplacement à intervalles réguliers, ayant des utilisations différentes ou procurant des avantages économiques à l'entreprise selon un rythme différent et nécessitant l'utilisation de taux ou de types d'amortissements propres. Les provisions pour grosses réparations ne sont plus possibles. L'impact positif ou négatif sur le bénéfice imposable découlant de la première application de cette méthode est étalé sur cinq ans.

LE CALCUL DES AMORTISSEMENTS

L'amortissement est calculé en multipliant la valeur à amortir (base de l'amortissement) par le taux d'amortissement. Ces deux éléments sont déterminés comme suit.

La valeur à amortir

Elle est égale au coût de revient de l'immobilisation amortissable. Il faut entendre par coût de revient le coût d'achat, si l'immobilisation est achetée, ou le coût de production, si elle est fabriquée. En aucun cas on ne retiendra la valeur de remplacement, qui est la somme que devra décaisser l'entreprise pour remplacer l'immobilisation arrivée à son terme par un élément de même nature.

Dans le cas de l'amortissement d'un bâtiment, la base d'amortissement ne comprend que la valeur du bâtiment, non la valeur du sol.

– *Calcul du coût d'achat.* Il comprend le prix d'achat et les frais d'achat.

• Dans le cas d'immeubles, les frais d'achat tels que droits de mutation, honoraires et frais d'actes doivent ne pas être compris dans la base de l'amortissement, car il s'agit de charges immédiatement déductibles ou de charges à répartir par fractions égales sur cinq ans.

• Dans le cas de matériels, les frais d'achat inclus dans la valeur à amortir comprennent les frais de transport, d'installation et de montage, les droits de douane.

– *Calcul du coût de production.* Dans le cas de construction d'immeubles, le coût de production à amortir englobe les honoraires de l'architecte et la taxe locale d'équipement, mais non certains éléments comme la redevance au mètre carré due pour certaines constructions dans la région parisienne.

– *Les éléments d'actif* doivent être enregistrés en comptabilité pour leur montant hors TVA déductible, et c'est sur cette base que doivent être calculés les amortissements.

Le taux d'amortissement

Les taux d'amortissement sont déterminés d'après les usages de chaque nature d'industrie, de commerce ou d'exploitation. Il faut tenir compte de l'usage professionnel en vigueur au moment de l'acquisition du bien. Le taux d'amortissement est lié à la durée d'utilisation du bien consacrée par l'usage. En particulier, dans le cas d'amortissement linéaire, le taux d'amortissement est égal à l'inverse de la durée d'utilisation. Par exemple, si la durée d'utilisation est de cinq ans, le taux d'amortissement est de 1/5, soit 20 %. L'entreprise ne peut retenir un taux d'amortissement supérieur au taux d'usage que si elle peut établir que le bien est soumis à une dépréciation accélérée en raison de conditions particulières d'exploitation. Les durées d'utilisation consacrées par l'usage et retenues en pratique sont les suivantes : 25 ans pour les bâtiments commerciaux, 20 ans pour les bâtiments industriels, 5 à 10 ans pour le matériel, 5 ans pour les véhicules et les brevets d'invention (voir p. 79).

L'amortissement des biens donnés en location

L'amortissement des biens donnés en location doit être calculé en tenant compte de leur durée normale d'utilisation, même si la durée de la location est plus courte.

Systèmes d'amortissement

Le système d'amortissement normal est le système linéaire : il constitue l'amortissement minimal obligatoire puisque la loi fiscale exige la comptabilisation d'amortissements au moins égaux à l'amortissement linéaire. Le système dégressif est facultatif et s'applique à certains matériels et équipements.

Le système d'amortissement linéaire

Il consiste à faire chaque année un amortissement égal au montant obtenu en multipliant le coût de revient initial du bien par le taux d'amortissement linéaire, qui est l'inverse de la durée probable d'utilisation. Si cette durée est de huit ans, le taux d'amortissement linéaire est égal à 1/8, soit 12,5 %. C'est l'amortissement minimum obligatoire. Le point de départ de l'amortissement est, en principe, l'entrée en service du bien ou, si la dépréciation résulte du seul écoulement du temps, la date d'acquisition lorsqu'elle est antérieure. La 1re annuité doit être calculée au prorata de la durée écoulée depuis la date de mise en service (ou d'acquisition).

Le système d'amortissement dégressif

- *Le taux d'amortissement* est égal au produit du taux linéaire par un coefficient qui dépend de la durée d'amortissement.

Durée d'amortissement	Biens acquis ou fabriqués depuis le 01/01/2010	Matériel de recherche acquis ou fabriqué depuis le 01/01/2004	Matériel forestier acquis ou fabriqué entre le 13/11/2013 et le 31/12/2016
Entre 3 et 4 ans	1,25	1,5	1,62
Entre 5 et 6 ans	1,75	2	2,27
Supérieure à 6 ans	2,25	2,5	2,92

Exemple :
- durée normale d'utilisation : 5 ans ;
- taux linéaire : 20 % ;
- taux dégressif : 20 % × 1,75 = 35 %.

- *La première annuité* est calculée au prorata de la durée, à partir du premier jour du mois d'acquisition, sans attendre la mise en service. De plus, l'exercice d'acquisition peut être décompté pour une année entière.

- *Les biens amortissables selon le système dégressif* sont limitativement énumérés par le CGI : matériels et outillages utilisés pour des opérations industrielles de fabrication, transformation ou transport, installations d'épuration, de production d'énergie, de sécurité, matériels de manutention, machines de bureau (sauf machines à écrire), matériels et outillages pour la recherche scientifique ou technique, installations de magasinage et de stockage, bâtiments industriels d'une durée d'utilisation inférieure à quinze ans. Ces biens ne doivent pas être déjà usagés au moment de leur achat et leur durée normale d'utilisation est au moins égale à trois ans.

- *Caractère facultatif du système dégressif.* Si l'entreprise utilise le système dégressif, il faut qu'à la fin de chaque exercice l'amortissement total des immobilisations soit au moins égal aux amortissements linéaires cumulés, qui constituent le minimum obligatoire.

COMPLÉMENTS

Le système d'amortissement variable

L'amortissement d'un actif est calculé en fonction de son utilisation déterminée par des unités d'œuvre (nombre d'heures d'utilisation de la machine, nombre de kilomètres parcourus par le véhicule...).

Ce mode d'amortissement est admis sur le plan fiscal.

Les amortissements dérogatoires

Ce sont des amortissements ne correspondant pas à l'objet normal d'un amortissement et comptabilisés en application de textes particuliers (PCG art. 322-2). Les amortissements dérogatoires sont assimilés, du point de vue de leur fonctionnement comptable, à des provisions réglementées (PCG art. 441). Ils s'inscrivent au passif du bilan dans les capitaux propres.

Cas d'utilisation des amortissements dérogatoires :

- divergence sur la base d'amortissement (base comptable inférieure à la base fiscale) ;
- différence entre la durée d'utilisation (comptable) et la durée d'usage (fiscale) ;
- application du système dégressif (fiscal).

Exemple

Une entreprise achète et met en service, le 15 octobre N, une machine industrielle pour un prix hors taxes de 120 000 €. On estime une valeur résiduelle de 5 % du prix d'achat HT. La durée d'utilisation est de 5 ans (conforme à la durée d'usage pour ce type de machine).

Années	Fiscal		Économique		Dérogatoire	
	Annuité	VNC	Annuité	VNC	Dotation	Reprise
N	10 500	109 500	4 750	115 250	5 750	
N+1	38 325	71 175	22 800	92 450	15 525	
N+2	24 911,25	46 263,75	22 800	69 650	2 111,25	
N+3	23 131,88	23 131,87	22 800	46 850	331,88	
N+4	23 131,87	0	22 800	24 050	331,87	
N+5			18 050	6 000		18 050
Totaux	120 000		114 000		24 050	18 050

– *Fiscal :*

Taux dégressif : 20 % × 1,75 = 35 %. On applique ce taux jusqu'à ce que celui-ci soit inférieur au taux linéaire calculé en fonction du nombre d'années restantes.

Annuité N : 120 000 × 35 % × 3/12, annuité N+1 : (120 000 – 10 500) × 35 %, annuité N+2 : 71 175 × 35 %, annuité N+3 : 46 263,75 × 50 % (passage en linéaire, taux dégressif de 35 % inférieur à 100/2), annuité N+4 : 23 131,87 × 100 %.

– *Économique :*

Base = valeur acquisition – valeur résiduelle ➔ 120 000 – (120 000 × 5 %)

Annuité N : 114 000 × 20 % × 75/360, VNC : valeur acquisition – cumul annuité (120 000 – 4 750)

Annuité N+1, N+2, N+3, N+4 : 114 000 × 20 %.

La VNC de N+5 doit être égale à la valeur résiduelle (120 000 × 5 % = 6 000).

– *Dérogatoire :*

Amortissement fiscal > amortissement économique ➔ dotation (fiscal – économique)

Amortissement fiscal < amortissement économique ➔ reprise (économique – fiscal)

Les amortissements spéciaux et différés

Le régime des amortissements spéciaux est une mesure destinée à favoriser l'investissement en accélérant le rythme d'amortissement dès la première année.

Les amortissements exceptionnels ou spéciaux

L'amortissement exceptionnel : c'est un amortissement fiscal accéléré qui ne concerne que certains biens limitativement énumérés par le code général des impôts (CGI). Il s'agit de favoriser certaines entreprises ou l'acquisition de certains biens, indépendamment de toute dépréciation des biens concernés. Ces dispositifs sont généralement provisoires et concernent des acquisitions réalisées jusqu'à une certaine date ou entre deux dates définies. Pour l'année 2018, sont concernées la robotique dans les PME et les imprimantes 3D. L'amortissement est calculé sur 24 mois à partir de la date de mise en service.
Les actions souscrites auprès des sociétés financières d'innovation ayant conclu une convention avec l'État peuvent donner lieu à la constitution d'un amortissement exceptionnel de 50 % à la clôture de l'exercice du versement de la souscription.

Les amortissements spéciaux
– Biens donnés en location : ces biens sont amortis sur leur durée normale d'utilisation, indépendamment de leur durée de mise en location.
– Construction et aménagements sur sol d'autrui : ces immobilisations corporelles sont amortissables par l'entreprise qui les a effectuées. L'amortissement pratiqué est calculé sur la durée normale d'utilisation de chaque élément, durée qui peut s'avérer être supérieure à la durée du bail restant à courir.

Le traitement comptable. L'amortissement technique effectif correspondant généralement à l'amortissement linéaire est une charge d'exploitation, tandis que le supplément d'amortissement autorisé par le fisc est une charge exceptionnelle.

Les amortissements différés

L'amortissement linéaire représente l'amortissement minimum obligatoire. À la fin de chaque exercice et pour chaque élément à amortir, on doit avoir : amortissements pratiqués cumulés (APC) ≥ amortissements linéaires cumulés (ALC). À défaut de respecter cette obligation, l'entreprise perd définitivement le droit de déduire la fraction des amortissements qui a été ainsi différée.

Les amortissements réellement différés. Si l'entreprise a pris du retard par rapport à l'amortissement linéaire, c'est-à-dire si APC < ALC, elle perd définitivement le droit de déduire la fraction des amortissements (ALC – APC) qui a été ainsi différée de façon irrégulière. Si, au contraire, le montant des amortissements antérieurement pratiqués est supérieur ou égal au montant des amortissements linéaires cumulés jusqu'à la fin de l'exercice, l'entreprise peut différer, de façon régulière, l'annuité d'amortissement correspondant à cet exercice. Lorsque les amortissements sont régulièrement différés en période déficitaire, ils doivent être imputés sur les premiers exercices bénéficiaires qui vont suivre l'exercice déficitaire, sans limitation de délai.

LA GESTION FISCALE DES AMORTISSEMENTS

Une entreprise achète, le 1/11/201N–10, un matériel pour 180 000 € HT et l'amortit sur dix ans dégressivement (taux : 25 %) dès sa mise en œuvre à la même date. On fournit ci-après le tableau d'amortissement en dégressif et les amortissements linéaires cumulés.

Années	Amortissement dégressif		Amortissement linéaire	
			Dotations	Cumul
201N–10	180 000 × 0,25 × 2/12 =	7 500	3 000	3 000
201N–9	172 500 × 0,25 =	43 125	18 000	21 000
201N–8	129 375 × 0,25 =	32 344	18 000	39 000
201N–7	97 031 × 0,25 =	24 258	18 000	57 000
201N–6	72 773 × 0,25 =	18 193	18 000	75 000
201N–5	54 580 × 0,25 =	13 645	18 000	93 000
201N–4	40 935/4 =	10 234	18 000	111 000
201N–3	40 935/4 =	10 234	18 000	129 000
201N–2	40 935/4 =	10 234	18 000	147 000
201N–1	40 935/4 =	10 233	18 000	165 000
201N			15 000	180 000
		180 000	180 000	

– *Hypothèse :* les exercices sont tous bénéficiaires sauf 201N–8, 201N–7 et 201N–6, où les annuités dégressives ont été réellement différées (non comptabilisées), celles de 201N–10 et 201N–9 ayant été enregistrées. Les annuités 201N–8, 201N–7 et 201N–6 ont-elles été régulièrement ou irrégulièrement différées ?

– *Solution :*

• Exercice 201N–8. Fin 201N–8, les amortissements linéaires cumulés (ALC) valent 39 000, tandis que les annuités dégressives réellement comptabilisées en 201N–10 et 201N–9 se montent à : 7 500 + 43 125 = 50 625.

Amortissements pratiqués cumulés (APC) = 50 625 > ALC = 39 000.

L'annuité dégressive de 201N–8, soit 32 344, a donc été régulièrement différée.

• Exercice 201N–7. Fin 201N–7, on obtiendra :

Amortissements pratiqués cumulés (APC) = 50 625 < ALC = 57 000.

L'annuité dégressive de 201N–7, soit 24 258, est donc irrégulièrement différée pour : 57 000 – 50 625 = 6 375, et régulièrement différée pour : 24 258 – 6 375 = 17 883.

• Exercice 201N–6. Fin 201N–6, on aura de même : APC = 50 625, ALC = 75 000. Il y a amortissement irrégulièrement différé pour : 75 000 – 50 625 = 24 375, d'où il faut retirer 6 375 pris en compte en 201N–7, ce qui donne 18 000 en 201N–6. Le reste de l'annuité 201N–6, soit 18 193 – 18 000 = 193, est régulièrement différé. Ensuite, la récupération des amortissements régulièrement différés peut être immédiate ou étalée.

Choix du mode d'amortissement

Les systèmes d'amortissements dégressifs, spéciaux et exceptionnels sont applicables sur option par l'entreprise et constituent par conséquent une décision de gestion. Les entreprises peuvent adopter un système d'amortissement différent pour une même nature de biens. Le choix du mode d'amortissement est constaté sur le tableau des amortissements qui est joint à la liasse fiscale.

Les provisions

À la différence des amortissements, qui ont un caractère définitif, les provisions sont essentiellement provisoires : elles sont créées lorsqu'apparaissent les conditions de leur validité, elles disparaissent et sont rapportées au résultat comptable lorsque se réalise la perte ou la charge provisionnée.

Définition fiscale

Selon le CGI, sont déductibles « les provisions constituées en vue de faire face à des pertes ou charges nettement précisées et que des événements en cours rendent probables ». Le Plan comptable donne une définition semblable pour les provisions pour risques et charges ; cependant, il existe de nombreuses divergences entre fiscalité et comptabilité, qui engendrent des retraitements sur l'état fiscal 2058 A.

La déduction des provisions

- *Les conditions de fond.* Les pertes et charges provisionnées doivent être déductibles (la provision pour impôt sur les sociétés n'est pas déductible). Les pertes et charges doivent être nettement précisées, c'est-à-dire qu'elles doivent pouvoir être individualisées et susceptibles d'être évaluées avec une approximation suffisante. Dans certains cas, une évaluation globale du risque pour un ensemble d'opérations est possible, avec des provisions basées sur des statistiques des années précédentes (exemple : provision pour créances douteuses). Les pertes et charges doivent être probables et non simplement éventuelles. Les pertes et charges doivent être engendrées par des événements en cours à la clôture de l'exercice et non pas par des événements postérieurs à cette clôture.

- *Les conditions de forme.* Les provisions, pour être déductibles, doivent être enregistrées en comptabilité. Sans inscription comptable, il n'y a pas de déduction fiscale. Si l'entreprise ne comptabilise pas une provision qui aurait dû l'être, elle porte atteinte aux principes comptables, mais elle ne peut être sanctionnée sur le plan fiscal ; elle pourra même l'enregistrer et la déduire de son résultat imposable l'année suivante. Les provisions doivent figurer sur le relevé spécial des provisions n° 2056 à joindre à la déclaration du résultat annuel. Le manquement à cette obligation entraîne une amende de 5 % des provisions non mentionnées, ramenée à 1 % si les provisions omises sont déductibles.

La reprise des provisions

- Les provisions, étant provisoires et correspondant à une dépréciation réversible, doivent être rapportées au résultat comptable dans les exercices suivants. Lorsque se réalise la perte ou la charge provisionnée, on la constate en comptabilité pour son montant réel et on annule la provision en utilisant un compte de produit (reprise sur provisions).

- Une reprise de provision non déductible qui augmente le résultat comptable fait l'objet d'une déduction extra-comptable sur l'état 2058 A.

- Lorsqu'une provision est constituée de manière irrégulière ou maintenue au bilan alors que son objet a disparu, elle devient sans objet. Elle peut être alors rapportée au résultat imposable par le vérificateur fiscal.

LA REPRISE DES PROVISIONS SANS OBJET

Les conditions de la reprise

Reprendre une provision, c'est l'annuler pour la rapporter au résultat comptable. Alors que la création d'une provision engendre une charge (dotation), qui diminue le résultat comptable de l'exercice où a lieu la dotation, la reprise augmente le résultat comptable de l'exercice en cours au moment de la reprise.

– *Les provisions pour dépréciation.* La reprise doit intervenir lorsque la dépréciation de l'élément d'actif (stocks, créances, titres…) disparaît ou en cas de cession de l'élément d'actif provisionné.

– *Les provisions pour pertes et charges (*les comptables disent « pour risques et charges »). Il faut effectuer une reprise lorsqu'a disparu le risque ayant entraîné la création de la provision ou lors de la réalisation de l'événement en prévision duquel avait été constituée la provision. Dans ce dernier cas, la reprise vient compenser la constatation de la perte ou de la charge.

– *Les provisions fiscales.* Les causes de la reprise sont fixées par la loi. Ainsi, la provision pour hausse des prix doit être reprise après six ans. La provision pour investissement est, au contraire, définitivement libérée d'impôt si, dans l'année qui suit sa constitution, l'entreprise réalise un investissement d'un montant au moins équivalent.

Le traitement fiscal de la reprise

La reprise vient augmenter le résultat comptable de l'exercice en cours au moment de la reprise. Ce produit est-il imposable ? Il faut distinguer selon que la provision a été ou non déduite du résultat fiscal de l'exercice de sa dotation.

– *La dotation constituait une charge déductible du résultat fiscal.* Alors, le produit engendré par la reprise de la provision est maintenu dans le résultat imposable, ce qui est logique. Deux cas particuliers doivent être signalés.

• Provision pour dépréciation des titres de participation. La dotation est traitée fiscalement comme une moins-value à long terme (voir le régime des plus- et moins-values de cession d'éléments de l'actif immobilisé). En conséquence, la reprise de cette provision est considérée comme une plus-value à long terme.

• Provision constituée en période déficitaire. Si, en raison de la limitation de la durée du report déficitaire, la provision n'a pas été déduite des bénéfices imposables (en totalité ou en partie), la reprise n'est pas maintenue (en tout ou en partie) dans le résultat imposable de l'exercice de reprise. Bien entendu, il faut que la provision ait été régulièrement constituée.

– *La dotation ne constituait pas une charge déductible du résultat fiscal.* Dans cette hypothèse, l'entreprise a le droit de déduire de son bénéfice imposable le produit issu de la reprise de la provision. Cette solution cohérente est reprise dans le cas d'un apport-fusion fait à une société absorbante : cette dernière, qui reprend à son bilan les provisions dotées par la société absorbée, peut retrancher de son résultat imposable les reprises des provisions que la société absorbée n'avait pas déduit de son propre résultat imposable.

– *Lorsqu'une provision est devenue sans objet*, alors qu'elle a été constituée lors d'un exercice couvert par la prescription (voir le contrôle fiscal), l'administration fiscale, lorsqu'elle découvre l'anomalie, est en droit de la rapporter au résultat imposable de l'exercice le plus ancien non atteint par la prescription.

Principales provisions

Les provisions sont nombreuses. On en distingue trois catégories : les dépréciations d'éléments d'actif, les provisions pour pertes et charges, les provisions réglementées. Des conditions généralement très strictes sont posées pour que les provisions soient fiscalement déductibles.

Les dépréciations d'éléments d'actif

- Elles concernent les pertes de valeur de caractère non irréversible : la dépréciation doit être nettement précisée, mais le montant peut être approximatif.

- *Les immobilisations.* Les dépréciations ne sont possibles que pour les immobilisations non amortissables comme les terrains, certains éléments incorporels du fonds de commerce (clientèle, droit au bail, etc.). Les titres de participation suivent des règles particulières.

- *Les stocks.* Si le prix de vente sur le marché est inférieur au coût de revient, il faut constituer une dépréciation pour la différence. Elle est calculée produit par produit, sans compensation entre les produits.

- *Les créances.* La dépréciation est déductible fiscalement si le risque de non-recouvrement est nettement précisé et que les événements en cours à la date de clôture de l'exercice rendent probable la perte. En principe, ce risque doit être évalué créance par créance, mais on admet, dans certaines circonstances, une évaluation globale (base : statistiques du pourcentage de créances irrécouvrées des années antérieures, etc.).

Les provisions pour pertes et charges

- *Les provisions pour impôts.* Certaines taxes annuelles assises sur les salaires d'une année N (fait générateur) sont exigibles l'année suivante. Il y a décalage entre fait générateur et exigibilité. Fin N, une provision pour impôt représentera les taxes sur les salaires versés en N. Cette provision n'est déductible que si l'impôt lui-même est déductible.

- *Les provisions pour gros entretiens.* Les réparations qui n'entraînent pas un accroissement des valeurs d'actif et qui ne concernent pas un composant peuvent donner lieu à une provision déductible si elles sont nettement identifiées et si elles sont de simples réparations courantes ou bien des travaux d'entretien. Les provisions pour grosses réparations, destinées à couvrir les dépenses de remplacement d'immobilisation, ne sont pas déductibles.

- *Les provisions pour renouvellement des immobilisations* ne sont pas déductibles, sauf dans le cas d'entreprises locataires ou concessionnaires.

Les provisions réglementées de caractère fiscal

- Elles ne correspondent pas à l'objet normal d'une provision et sont déductibles en application de dispositions légales adoptées pour des motifs économiques (exemple : provision pour hausse des prix destinée à maintenir le volume des stocks en période d'inflation). Elles sont à rapporter aux résultats imposables futurs.

- *Autres provisions :* pour amortissements dérogatoires, pour investissement.

COMPLÉMENTS

Exemples de provisions pour charges de personnel

– *Provisions pour indemnités de licenciement.* Seules sont déductibles les provisions pour indemnités versées dans le cadre de licenciement pour motif personnel.

– *Provisions pour congés payés.* Le droit aux congés payés s'acquiert mois par mois pendant la période de référence : 1er juin-31 mai. L'indemnité de congés payés est égale à un dixième de la rémunération perçue pendant la période de référence. Si l'exercice coïncide avec l'année civile, les salariés ont acquis, à la date du 31 décembre, un droit certain dans son principe et son montant, mais non encore exigible : c'est une charge à payer en comptabilité, que le droit fiscal appelle « provision ».

Cette provision est fiscalement déductible. Ce régime est applicable depuis 1987. Les entreprises créées avant 1987 peuvent opter pour le régime antérieur : effectuer la déduction fiscale de leurs charges de congés payés au fur et à mesure du paiement effectif aux salariés.

– *Provisions pour pensions de retraite.* Dans certaines entreprises, les salariés bénéficient d'une retraite complémentaire. En comptabilité, les entreprises ont le choix de comptabiliser ou non des provisions pour pensions de retraite (dans tous les cas, des indications sont à fournir dans l'annexe). Les provisions enregistrées en comptabilité ne sont pas fiscalement déductibles et doivent donc être réintégrées dans le résultat imposable, sur l'état 2058 A. Les pensions de retraite ne deviennent déductibles qu'au fur et à mesure de leur versement, après le départ en retraite des salariés.

Exemples de provisions pour hausse des prix

– *Produits concernés.* La provision concerne tous les éléments figurant en stock à la clôture de l'exercice : matières premières, approvisionnements, produits semi-finis et finis (sauf les éléments relevant du régime des provisions pour fluctuation des cours).

– *Modalités de calcul.* Supposons qu'à la clôture d'un exercice N, une entreprise constate que la valeur comptable unitaire d'un de ses produits en stock a augmenté de plus de 10 % par rapport à la valeur comptable unitaire du même produit à la clôture de l'un des deux exercices précédents (exercice N–1 ou exercice N–2) ; dans ce cas, cette entreprise peut constituer une provision déductible du résultat imposable calculée en multipliant la hausse unitaire supérieure à 10 % par les quantités du produit en stock en N. Toutefois, lorsque la provision est déterminée par rapport à la valeur comptable unitaire à la clôture de l'avant-dernier exercice (N–2), elle doit être réduite de la provision constituée, le cas échéant, à la clôture du dernier exercice (N–1). Le calcul de la provision est fait produit par produit en stock, sans compensation entre les hausses et les baisses, et l'exonération fiscale est limitée à une période de six ans, à la fin de laquelle les provisions sont rapportées aux résultats imposables. La provision est plafonnée à 15 M€, majorée de 10 % de la provision calculée avant application du plafond.

– *Exemple.* Pour un produit donné, les quantités en stock sont les suivantes : fin N–2 : 1 000 ; fin N–1 : 1 100 ; fin N : 1 200. Aux mêmes dates, les valeurs unitaires sont, respectivement : fin N–2 : 100 ; fin N–1 : 115 ; fin N : 125. La provision fin N–1 vaut : (115 – 100 × 1,10) × 1 100 = 5 500 ; fin N, elle deviendra : (125 – 100 × 1,10) × 1 200 – 5 500 = 12 500. Pour les exercices ouverts depuis le 1er janvier 2005, les immobilisations ne font plus l'objet d'une provision pour dépréciation mais d'une dépréciation. En effet, le terme « provision » est désormais réservé aux provisions figurant au passif du bilan.

Les plus-values et les moins-values (1)

Le régime des plus ou moins-values à long terme a été réformé par la loi 97-1026 du 10/11/97. L'exonération des plus-values sur titres de participation, étalée sur trois ans, a été votée par la loi de finances 2005.

L'application du régime général

Les plus-values et moins-values sont réalisées si elles sont définitivement consacrées par la sortie d'un élément de l'actif immobilisé du patrimoine de l'entreprise. Les éléments de l'actif immobilisé comprennent les immobilisations (meubles, fonds de commerce, matériels, titres de participation, etc.) et les titres de placement. Les titres en portefeuille regroupent les titres de participation et de placement.

Le calcul des plus-values et des moins-values

- Elles sont égales à la différence entre la valeur de cession et la valeur comptable.
- *La valeur de cession* est le prix de vente ou la valeur de l'apport en société.
- *La valeur comptable,* dans le cas d'un bien amortissable, est égale à la valeur d'origine diminuée des amortissements cumulés ; dans le cas d'un bien non amortissable, c'est la valeur d'origine (sans déduction de la provision, s'il y en a une).

L'analyse du régime général d'imposition

- *Distinction entre long terme et court terme.* Depuis la loi du 10/11/97, sont exclues du régime du long terme, et relèvent donc du court terme, les plus ou moins-values réalisées à compter du 1/1/97 provenant de la cession de l'ensemble des éléments de l'actif immobilisé, à l'exception : 1) des titres de participation ; 2) des parts de certains FCPR ; 3) des concessions et cessions de brevets.
- *Les plus et moins-values à court terme.* On effectue une compensation entre plus et moins-values à court terme d'un même exercice. Si on obtient une plus-value nette à court terme, elle est imposable au taux plein ; une moins-value nette à court terme constitue une charge déductible pour le calcul du bénéfice imposable au taux plein.
- *Les plus et moins-values à long terme.* On effectue une compensation entre plus et moins-values à long terme de l'exercice. Si on obtient une moins-value nette à long terme, celle-ci est imputée sur les plus-values à long terme réalisées au cours des dix exercices suivants. Si, au contraire, on obtient une plus-value nette à long terme, elle est affectée comme suit : elle peut être neutralisée par des moins-values à long terme de l'un des dix exercices précédents ; elle peut être imputée pour compenser le déficit fiscal de l'exercice.
- *Taux d'imposition.* Les plus-values nettes sont imposées à 15 %. Concernant les titres de participation uniquement, les plus-values sont imposées à 0 % (exonérées), à l'exception d'une quote-part de frais et de charges de 12 %.

EXEMPLE

Une entreprise cède les immobilisations suivantes au cours de l'année N :
- matériel XM : acheté 32 600 €, amorti pour 30 300 €, cédé pour 5 200 € ;
- véhicule de tourisme : acheté 21 500 € TTC, amorti pour 12 215 €, cédé pour 13 600 € (cession auprès d'un utilisateur). Le montant des amortissements fiscaux s'élève à 8 693 € ;
- titres de participation SD : achetés 5 200 €, revendus pour 5 450 € (ils sont détenus depuis plus de deux ans). Une dépréciation de 500 € concerne ces titres.

Extrait 2059-A – Tableau des plus ou moins-values :

Nature	**Valeur acquisition**	**Amortissements en franchise**	**Valeur nette comptable**
Matériel XM	32 600	30 300	2 300
Véhicule de tourisme	21 500	8 693	12 807
Titres SD	5 200		5 200

Nature	**Prix de cession**	**Plus ou moins-value**	**Court terme**	**Long terme**	
				15 %	**0 %**
Matériel XM	5 200	2 900	2 900		
Véhicule de tourisme	13 600	793	793		
Titres SD	5 400	200			200
Amortissements afférents aux éléments cédés mais exclus des charges déductibles par une disposition légale			3 522		
Provisions pour dépréciation des titres devenues sans objet					500
		Total court ou long terme	**3 893**		**700**

La plus-value nette à long terme de 700 € est imposée à 0 %. Une quote-part de 12 % calculée sur le résultat de cession des titres (200 €) est à réintégrer au résultat imposable.

La plus-value nette à court terme est analysée comme un produit imposable.

Les plus-values et les moins-values (2)

Le régime du long terme (voir p. 87) s'applique essentiellement aux titres de participation, à certains titres à risques, au résultat net issu de la propriété industrielle.

Le régime des titres en portefeuille

Le portefeuille des entreprises comprend deux catégories de titres : les titres de participation et les titres de placement (obligations, actions). Les premiers sont des titres acquis pour contrôler la société émettrice, les seconds pour obtenir un revenu ou une plus-value. Le régime des titres en portefeuille s'applique aux deux catégories de titres en cas de cession de titres, mais aussi lors de l'évaluation des titres à la clôture de l'exercice.

L'évaluation des titres à la clôture de l'exercice
– Titres de placement. Les titres cotés en Bourse sont évalués au cours moyen du dernier mois de l'exercice et les titres non cotés à leur valeur probable de négociation.
– Titres de participation. Ils sont évalués à leur valeur économique, en fonction de l'utilité qu'ils présentent pour l'entreprise. Une provision ne peut être constituée que s'il y a dépréciation réelle des titres par rapport à la valeur économique.
– Provision pour dépréciation. En fiscalité, à la différence des autres provisions, la provision pour dépréciation des titres de participation n'est pas déductible des résultats imposables au taux normal : elle est considérée comme une moins-value à long terme, imputable sur les plus-values à long terme. Corrélativement, les provisions sans objet (pour dépréciation des titres de participation) sont taxables comme des plus-values à long terme (il en est ainsi en cas de hausse de la valeur des titres précédemment dépréciés ou de cession).

La cession de titres soumise au régime fiscal des plus et moins-values. Pour les entreprises passibles de l'IS, ce régime s'applique en cas de cession de titres faisant partie de l'actif immobilisé et qui ne sont pas exclus du régime des plus et moins-values ; il s'agit, pour l'essentiel, de la cession de titres de participation qui ont été détenus depuis plus de deux ans (imposition au taux réduit de 0 %). Lorsque des titres de même nature ont été acquis à des dates différentes, les cessions sont réputées porter sur les titres les plus anciens (règle du premier entré – premier sorti, PEPS ou FIFO en anglais) ; cependant, pour les titres de participation, le prix moyen pondéré peut remplacer la règle PEPS.
N.B. : les plus-values sur cession de titres de placement sont taxées à 28 %.

Le régime en faveur de la propriété industrielle

Pour les exercices ouverts à compter du 1er janvier 2019, un nouveau régime est applicable aux produits issus de certains droits de la propriété intellectuelle. Ces produits peuvent, sur option, être taxés au taux réduit de 10 %, auquel s'ajoutent, pour les entreprises relevant de l'IR, les prélèvements sociaux.

LES CESSIONS DE TITRES SOUMISES AU RÉGIME DES PLUS OU MOINS-VALUES

Application de la règle PEPS

Une entreprise imposable à l'IS détient 1 000 actions d'une société A, qui revêtent le caractère de titres de participation et entrent dans le champ d'application du régime du long terme. Ces actions, dites actions A, ont été acquises comme suit :

260 actions en N–8, à 200 € l'une
70 actions en N–6, à 300 € l'une
450 actions en N–5, à 350 € l'une
220 actions en N–1, à 400 € l'une

Elle cède 500 actions A en mai N au prix unitaire de 430 €, puis 480 actions A en septembre N au prix unitaire de 370 €.

– *Vente de mai N.* Les 500 titres vendus sont réputés être les plus anciens :

260 actions à 200 € =	52 000
70 actions à 300 € =	21 000
170 actions à 350 € =	59 500
500	132 500

La plus-value est la différence entre le prix de cession et la valeur d'origine des titres, soit : 430 × 500 – 132 500 = 82 500 €. Les titres étant détenus depuis au moins deux ans, cette plus-value est à long terme et imposable au taux réduit.

– *Vente de septembre N.* Elle porte sur : 450 – 170 = 280 actions acquises en N–5 et sur 200 actions acquises en N–1 (ces dernières détenues depuis moins de deux ans) :

Plus-value à long terme pour :	
(370 – 350) × 280 =	5 600
Moins-value à court terme pour :	
(370 – 400) × 200 =	– 6 000

Après ces deux ventes, il existe en portefeuille 20 actions A acquises en N-1 et figurant au bilan de l'entreprise pour une valeur de : 400 × 20 = 8 000 €.

Application du prix de revient moyen pondéré

Une entreprise détient en portefeuille 2 000 titres de participation qui représentent 20 % du capital de la société B et qui ont été acquis dans les conditions suivantes :

1 000 actions souscrites en N–8	
au prix unitaire de 100 € :	100 000
600 actions acquises en N–5	
au prix unitaire de 300 € :	180 000
400 actions acquises en N–1	
au prix unitaire de 200 € :	80 000
Total :	360 000

L'entreprise vend, en N, 500 actions B au prix unitaire de 175 € (alors que le prix de revient moyen vaut : 360 000/2 000 = 180 €).

Si l'entreprise appliquait la règle PEPS, elle serait réputée réaliser une plus-value à long terme de : (175 – 100) × 500 = 37 500 €.

L'Administration autorise le calcul des résultats de cession en tenant compte du prix de revient moyen pondéré.

Dans ce cas, les 500 actions B vendues représentent le quart (500/2 000) du total des titres détenus et on suppose vendu le quart de chacun des trois lots, soit 250 actions souscrites en N-8, 150 souscrites en N–5 et 100 en N–1 (ces dernières étant détenues depuis moins de deux ans).

Au total, la perte de cession s'élève à 2 500 € : (175 – 180) × 500 = – 2 500 €.

Elle se décompose comme suit :

– une moins-value à long terme de 2 000 € sur les titres vendus détenus depuis deux ans au moins (250 + 150 = 400 titres) : 2 500 × 400/500 = 2 000 € ;

– une moins-value à court terme de 500 € sur les titres détenus depuis moins de deux ans (100 titres) : 2 500 × 100/500 = 500 €.

Le traitement des déficits

En cas de déficit, les entreprises soumises à l'IS peuvent l'imputer sur les bénéfices des exercices futurs (c'est le régime normal du report en avant des déficits), ou opter pour son imputation sur les bénéfices déjà taxés des exercices antérieurs (c'est le régime facultatif du report en arrière des déficits).

Le régime normal : le report en avant des déficits

Report illimité. Les sociétés soumises à l'IS qui constatent un déficit fiscal au cours d'un exercice peuvent le reporter indéfiniment sur les résultats des exercices suivants. Pour les résultats imposables des exercices clos à compter du 31/12/2012, le montant des déficits reportables est plafonné à 1 000 000 € (1 M€) majoré de 50 % du montant correspondant au bénéfice imposable de l'exercice excédant 1 M€. Ce plafonnement aboutit à la constitution d'un bénéfice minimal taxable de 50 % du bénéfice excédant 1 M€. Le plafond d'imputation peut être traduit selon la formule suivante :
- plafond de déficit imputable = (50 % × B) + 500 000 € ;
Avec B pour bénéfice fiscal.
La fraction du déficit qui n'a pas été admise en déduction, en application de la règle du plafonnement, sera reportable sur les bénéfices suivants et imputable selon la règle du plafonnement, sans limitation de délai.

Le régime dérogatoire : le report en arrière des déficits (ou *carry-back*)

Ce régime dérogatoire est facultatif ; toute entreprise soumise à l'IS peut opter généralement pour le report en arrière des déficits.

Report limité à un an. À compter du 21/09/2011, le déficit constaté au titre d'un exercice ne peut s'imputer que sur le bénéfice de l'exercice précédant celui au titre duquel le déficit est constaté. De plus, le montant du déficit reporté en arrière est plafonné à 1 M€. Bien entendu, il ne peut pas excéder le montant du bénéfice d'imputation.
Le report en arrière fait naître une créance fiscale imputable sur l'IS. L'excédent qui n'a pas pu être reporté en arrière est reporté en avant. La créance fiscale est remboursable au terme d'un délai de 5 ans, si elle n'a pas été utilisée pour le paiement de l'IS.
Les conditions d'application du report en arrière concernent les sociétés soumises à l'IS en France, qu'elles soient françaises ou étrangères.

Bénéfice d'imputation. Le bénéfice d'imputation est celui qui a été imposé à l'IS au taux normal et au taux réduit des PME de 15 %.
Le bénéfice d'imputation doit être diminué des distributions prélevées sur ce même bénéfice, du bénéfice qui a donné lieu à un impôt (IS au taux normal ou au taux réduit des PME de 15 %), payé par imputation de crédits d'impôt et par imputation d'une réduction d'impôt.

Calcul de la créance. Le montant de la créance est égal au taux normal du montant du bénéfice imputé. Néanmoins, pour les résultats imposables des exercices clos à compter du 21/09/2011, cette créance peut être limitée compte tenu du plafonnement du montant du déficit reportable en arrière à 1 M€.
La contribution sociale sur les bénéfices des sociétés et la contribution exceptionnelle de 5 % (voir page 94) sont sans incidence sur le montant de la créance.

EXEMPLES

Déficits reportés en avant

Une société soumise à l'IS dont l'exercice coïncide avec l'année civile dispose, au 31/12/N, d'un déficit restant à reporter de 3 200 000 €.

Une société réalise un bénéfice fiscal de 2 100 000 € au 31/12/N+1.

Par application de la formule :

Bénéfice fiscal minimal taxable = (50 % × 2 100 000) – 500 000 € = 550 000 €

Montant du déficit imputé sur le bénéfice N : 2 100 000 – 550 000 € = 1 550 000 €

Vérification par le plafond du déficit imputable : (50 % × 2 100 000) + 500 000 € = 1 550 000 €

Le déficit reportable sur le résultat de l'exercice clos en N+1, sera de 3 200 000 – 1 550 000 soit 1 650 000 €.

– À noter

Pour le calcul du montant de déficit reportable en avant, le plafond de 1 M€ est en outre majoré du montant des abandons de créances consentis à une société dans le cadre d'une procédure de conciliation, de sauvegarde, de redressement judiciaire ou de liquidation judiciaire ouverte à son nom.

Exemple : déficit N à reporter en avant de 2 300 000 €, abandon de créance de 80 000 €, bénéfice fiscal N+1 de 3 300 000 €.

Plafond du déficit N imputable : 1 M€ + 80 000 + 50 % (3,3 M€ - 1 M€) = 2 230 000 €

Bénéfice taxable : 3 300 000 – 2 230 000 = 1 070 000 €

Déficits reportés en arrière

Cas 1 :

Une entreprise déclare pour l'exercice comptable N un déficit de 1 200 000 €. Elle a réalisé en N – 1 un bénéfice de 2 000 000 €.

Le montant du déficit reportable en arrière est égal au plafond de 1 000 000 €. Le reliquat non reporté en arrière, soit 200 000 € est reportable en avant.

Le montant de la créance de report en arrière du déficit est égal à :

Bénéfice imposable à 28 % : 500 000 €	IS à 28 % : 140 000 €
Bénéfice imposable à 31 % : 500 000 €	IS à 31 % : 155 000 €

Montant de la créance d'IS : 295 000 €

Cas 2 :

Une entreprise déclare pour l'exercice comptable N un déficit de 810 000 €. Elle a réalisé en N – 1 un bénéfice de 1 000 000 €.

Le montant du déficit reportable en arrière est égal à 810 000 €.

Le montant de la créance de report en arrière du déficit est égal à :

Bénéfice imposable à 28 % : 500 000 €	IS à 28 % : 140 000 €
Bénéfice imposable à 31 % : 310 000 €	IS à 31 % : 96 100 €

Montant de la créance d'IS : 236 100 €

La détermination du résultat fiscal

En pratique, le résultat fiscal est déterminé à partir du résultat comptable, de façon extra-comptable, en utilisant l'imprimé 2058 A (réel normal) ou 2033 B (réel simplifié).

Étude de cas

La société anonyme G a réalisé, au terme d'un exercice clos le 31/12/2020, un bénéfice comptable de 115 000 € avant IS. Elle a effectué, au cours de l'exercice, les opérations suivantes, qui sont susceptibles d'entraîner des corrections du résultat comptable pour obtenir le résultat fiscal.

- *Amortissements des voitures particulières (a).* La société possède deux voitures particulières, la première acquise le 1/1/2018 pour 16 000 € TTC et la seconde acquise le 1/7/2020 pour 22 000 € TTC. Taux $CO_2 \leq 120$ gr/m^3. Les amortissements comptables ont été enregistrés comme suit : première voiture : 16 000 × 20 % = 3 200 € ; seconde voiture : 22 000 × 20 % × 6/12 = 2 200 €.

- *Taxe spéciale sur les voitures de tourisme des sociétés (b).* La société a payé pendant l'année une somme de 2 000 € représentant la taxe sur les voitures de tourisme des sociétés.

- *Provisions et charges à payer non déductibles (c).* Dans les charges de l'exercice figurent les provisions suivantes :
  - dépréciation des titres de participation : 11 500 € ;
  - dettes provisionnées pour participation du personnel au titre de l'exercice 2020 : 35 000 €.

- *Quote-part dans les bénéfices réalisés par une société de personnes (d).* La société détient 70 % des parts d'une société en nom collectif qui n'a pas opté pour le régime de l'IS et qui a réalisé, durant l'exercice 2020, un bénéfice de 15 000 €. Il est précisé que la société anonyme G n'a pas enregistré cette quote-part en comptabilité.

- *Part dans le résultat réalisé par une filiale (e).* La société G a une filiale à l'étranger constituée sous forme de SA, dont elle détient 80 % des actions et qui n'a pas distribué de bénéfice pendant l'exercice, alors qu'elle a réalisé un bénéfice de 90 000 €.

- *Perte dans un établissement situé hors de France (f).* La société G, qui a implanté une usine en Italie en 1990, a enregistré en comptabilité une perte de 30 000 € pour cet établissement situé hors de France.

- *Bénéfice dans une usine située hors de France (g).* Au contraire, l'usine installée en Allemagne lui a rapporté un bénéfice de 18 000 € (bénéfice inscrit en comptabilité).

- *Plus-values à long terme (h).* La société G a cédé, pendant l'exercice, des titres de participation et a obtenu des plus-values à long terme d'un total de 38 000 €.

- *Dividendes reçus d'une filiale (i).* La société G détient 90 % des parts de la SARL Z située en France, qui a versé des dividendes de 30 000 €.

- *Autres produits financiers reçus (j).* La société G a également reçu de différentes sociétés françaises et étrangères, dont elle n'est pas la société mère, des dividendes pour un montant de 12 000 €. Des intérêts de 3 000 € lui sont également versés.

SOLUTION DU CAS

Passage du résultat comptable au résultat fiscal

I Bénéfice comptable de l'exercice (avant impôt)		115 000
II Réintégrations		
a) Amortissements excédentaires (p. 74) : • voiture acquise en 2018 : pas de réintégration (prix inférieur à 18 300 €) • voiture acquise en 2020 : 22 000 – (18 300 × 20 % × 6/12) =	370	+ 370
b) Taxe sur les voitures particulières de sociétés (p. 72) : impôt non déductible, à réintégrer :	2 000	+ 2 000
c) Provisions et charges à payer non déductibles : • dépréciation des titres de participation : (c'est une moins-value à long terme, voir p. 88) • participation des salariés (p. 72) déductible en 2021 :	11 500 35 000	+ 46 500
d) Quote-part dans les bénéfices réalisés par une société de personnes (p. 68) : la part dans le bénéfice de la SNC donne lieu à réintégration : 15 000 × 70 % =	10 500	+ 10 500
e) Part dans le résultat d'une filiale à l'étranger (voir p. 124) : pas de correction : les bénéfices de la filiale, qui est une société de capitaux, n'influencent pas le résultat imposable de G (sauf s'ils sont distribués)		0
f) Autre réintégration : perte subie à l'étranger non déductible, selon le principe de territorialité de l'IS (p. 62) ;		+ 30 000
<u>h) Quote-part</u> : 12 % sur 38 000 €		+ 4 560
Sous-total		208 930
III Déductions		
g) Bénéfice réalisé en Allemagne : non imposable en France (principe de territorialité de l'IS, p. 62)		– 18 000
h) Plus-value à long terme : la plus-value imposable à 0 % doit être déduite du bénéfice fiscal imposable (voir p. 86)		– 38 000
i) Dividendes reçus de la filiale française : 30 000 × 90 % = 27 000 Les dividendes sont exonérés d'IS, sauf 5 % de frais (p. 124), soit à déduire : 27 000 – (27 000 + 13 500) × 5 % = 24 975		– 24 975
j) Autres produits financiers reçus : aucune correction n'est à effectuer		0
Total : bénéfice fiscal imposable à 28 %		127 955

Le calcul de l'impôt sur les sociétés

Les sociétés passibles de l'impôt sur les sociétés (IS) relèvent obligatoirement du régime de l'évaluation réelle (réel normal ou réel simplifié, selon leur chiffre d'affaires).

Le montant brut de l'impôt

Pour les exercices ouverts depuis le 1er janvier 2019, le taux normal de l'IS est de 28 % pour la fraction de bénéfices n'excédant pas 500 000 € et 31 % au-delà. Il est ramené, pour les exercices ouverts à compter du 1er janvier 2020, à 28 % pour la totalité des bénéfices.

Taux réduit en faveur des PME : Les PME bénéficient d'un taux réduit de 15 % dans la limite de 38 120 € de bénéfice imposable. Pour profiter de ce taux réduit, la société soumise à l'IS doit respecter plusieurs conditions :
- avoir un capital entièrement libéré à la clôture de l'exercice et détenu, de manière continue, pour 75 % au moins (droits de vote et droits à dividende) par des personnes physiques (ou par des sociétés qui répondent à ces conditions) ;
- réaliser au cours de l'exercice un chiffre d'affaires hors taxe sur douze mois inférieur à 7 630 000 €.

Les plus-values nettes à long terme sont imposées séparément au taux réduit de :
- 10 % (propriété industrielle, capital-risque) ;
- 0 % (titres de participation autres que ceux détenus dans des sociétés à prépondérance immobilière non cotées, des sociétés à prépondérance financière ou des sociétés établies dans un État ou territoire non coopératif). Une quote-part de 12 % appliquée sur la plus-value de cession est réintégrée au résultat fiscal ;
- 19 % (titres de participation dans des sociétés à prépondérance immobilière cotées).

Les entreprises réalisant un CA supérieur à 7 630 000 € et dont l'IS est supérieur à 763 000 € sont soumises à une contribution sociale de 3,3 %. Cette contribution est distincte de l'IS. Elle ne constitue pas une charge déductible tout comme l'IS.

Le montant de l'impôt effectivement dû

Pour obtenir l'impôt effectivement dû, il faut retrancher du montant brut :
- les crédits d'impôt attachés aux revenus mobiliers perçus par la société ;
- les crédits d'impôt sur retenues à la source sur certains revenus payés par des débiteurs étrangers résidents d'un pays ayant signé avec la France une convention fiscale ;
- les crédits d'impôt spéciaux en faveur des entreprises.

Pour les dividendes des sociétés étrangères et les autres revenus mobiliers (intérêts d'obligations, etc.), l'impôt retenu à l'étranger (sauf en l'absence de convention) ou la retenue à la source de 10 % en France constituent un crédit d'impôt.

Les crédits d'impôt spéciaux, créés à titre permanent ou temporaire, ont pour objet d'inciter les entreprises à accroître leurs dépenses de recherche et de formation, à créer des emplois. Ils n'accroissent pas le résultat fiscal et sont remboursés lorsque le résultat est nul ou insuffisant.

EXEMPLES

Situation 1

Une société anonyme a dégagé un bénéfice fiscal imposé au taux de droit commun de 1 375 000 € pour l'année N. De plus, elle a réalisé une plus-value nette à long terme sur titres de participation pour 1 950 € (la quote-part a été réintégrée au résultat imposable) et une plus-value nette à long terme sur une concession de brevet pour 2 200 €. L'entreprise a réintégré un don versé à une association culturelle pour 650 €. Cette somme donne droit à un crédit d'impôt de 60 % sur la totalité du don.

Calcul de l'impôt sur les sociétés au taux de droit commun : 1 375 000 × 28 % = 385 000 €

Calcul de l'impôt sur la plus-value sur la concession du brevet : 2 200 × 10 % = 220 €

Total de l'impôt brut : 385 000 + 220 = 385 220 € €

Crédit d'impôt sur le don : 650 × 60 % = 390 €

Total de l'impôt net : 385 220 – 390 = 384 830 €

La plus-value à long terme sur les titres de participation ne donne pas lieu à une imposition.

Situation 2

L'impôt sur les sociétés d'une entreprise bénéficiant du régime des PME.

Une SARL a dégagé un bénéfice fiscal de 875 000 €. Son capital est détenu à hauteur de 80 % par des personnes physiques et son chiffre d'affaires s'est élevé à 6 695 000 €.

Calcul de l'impôt sur les sociétés au taux de 15 % : 38 120 × 15 % = 5 718 €

Calcul de l'impôt sur les sociétés au taux de 28 % : (875 000 – 38 120) × 28 % = 234 326,40 €

Total de l'IS : 5 718 + 234 326,40 = 240 044,40 € arrondi à 240 044 €.

Situation 3

L'impôt sur les sociétés d'une entreprise soumise à la contribution de 3,3 %

Une société anonyme a réalisé un bénéfice fiscal de 3 125 500 €. De plus, elle a réalisé une plus-value à long terme sur une cession de brevet pour un montant de 35 400 €. Son capital est détenu à 60 % par des sociétés diverses. Le chiffre d'affaires est supérieur à 7 630 000 €.

Calcul de l'impôt sur les sociétés au taux de droit commun : 3 125 000 × 28 % = 875 000 €

Calcul de l'impôt sur la plus-value sur la cession du brevet : 35 400 × 10 % = 3 540 €

Total de l'impôt brut : 875 000 + 3 540 = 878 540 €

Calcul de la contribution sociale : (878 540 – 763 000) × 3,3 % = 3 812,82 € arrondis à 3 813 €

Le CICE

À compter du 1/1/2019, le crédit d'impôt est supprimé et remplacé par un allègement de cotisations patronales.

Autres crédits d'impôt :

– crédit d'impôt recherche : 30 % de la fraction des dépenses de recherche n'excédant pas 100 M€ et à 5 % au-delà ;
– crédit d'impôt famille : 50 % des dépenses sur l'accueil des enfants de moins de 3 ans des salariés par la création et le fonctionnement des crèches.

Le paiement de l'impôt sur les sociétés

L'impôt sur les sociétés (IS) est versé au percepteur spontanément, en plusieurs étapes. L'impôt au taux plein de 33,1/3 % est payé en cinq fois : quatre acomptes et un solde.

L'impôt sur les sociétés doit être versé spontanément au service des impôts du lieu de souscription de la déclaration des résultats, sous la forme d'acomptes trimestriels calculés sur la base de l'exercice précédent, puis d'un solde au plus tard à la fin du quatrième mois qui suit la clôture de l'exercice.

Le versement des quatre acomptes

Toute entreprise soumise à l'IS doit verser chaque année quatre acomptes, exigibles respectivement le 20/2, le 20/5, le 20/8 et le 20/11. La date limite de paiement est fixée au 15 du mois suivant, c'est-à-dire au plus tard le 15/3, le 15/6, le 15/9 et le 15/12. En cas de retard, il est appliqué d'office la majoration de 5 %. Les dates d'exigibilité définissent l'appartenance d'un acompte à l'exercice. Ainsi, le premier acompte d'un exercice ouvert le 1/1 est l'acompte exigible le 20/2 (qui suit immédiatement la date d'ouverture), tandis que le premier acompte d'un exercice ouvert le 1/7 est celui exigible le 20/8.

Le montant de chacun des quatre acomptes est égal à :
- pour les sociétés relevant du régime des PME : 3,75 % (le quart de 15 %) du bénéfice < à 38 120 €, 7 % (le quart de 28 %) du bénéfice au-delà de 38 120 € ;
- pour les autres sociétés : 7 % (le quart de 28 %) du bénéfice Pour les exercices ouverts à partir du 1/1/2019, l'acompte sur le résultat net des brevets est de 2,5 % (le quart de 10 %). Pour les exercices ouverts à partir du 1/1/2019, l'acompte sur le résultat net des brevets est de 2,5 % (le quart de 10 %). La base de calcul des acomptes est déterminée d'après les résultats du dernier exercice clos, à l'exception du premier acompte qui peut être calculé, si le calcul est plus favorable, par rapport au résultat de l'avant-dernier exercice.

Les sociétés dont le chiffre d'affaires du dernier exercice clos est au moins égal à 250 M € doivent déterminer le dernier acompte en fonction du bénéfice estimé de l'exercice en cours. Cet acompte sera de 80 % du montant de l'impôt estimé sous déduction des 3 acomptes déjà versés pour un CA compris entre 250 M € et 1 Md €, 90 % pour un CA compris entre 1 Md € et 5 Md € et 98 % pour un CA supérieur à 5 Md €.

La liquidation définitive

L'impôt doit être définitivement liquidé au titre d'un exercice dans le délai de trois mois et demi à partir de la clôture de cet exercice (le 15/5 pour un exercice clos le 31/12). En même temps, la société acquitte l'impôt au taux de 15 % sur la plus-value nette à long terme de l'exercice écoulé. Le versement total pour la liquidation définitive vaudra : impôt au taux plein et au taux réduit – quatre acomptes + solde de la contribution de 3 %.

EXEMPLE

Une société anonyme, dont l'exercice coïncide avec l'année civile, a réalisé pendant l'exercice N–1 un chiffre d'affaires HT de 3 M€. Le bénéfice imposable au taux plein (28 %) de l'exercice N–1 s'élève à 100 000 € ; c'est le bénéfice de référence de N–1. Le bénéfice de référence de l'exercice N–2 est de 90 000 €. La société a réalisé en N un bénéfice imposable au taux plein de 150 000 € et une plus-value nette à long terme de 20 000 €, imposable au taux réduit de 10 % (concessions et cessions de brevets).
Cette entreprise ne peut pas prétendre au taux réduit des PME.

Calcul des versements à effectuer pour l'IS au titre de l'année N

– *15/3/N : premier acompte.* En principe, à la date du 15/3/N, date limite de versement du premier acompte, le résultat imposable de l'exercice N–1 n'est pas encore connu. Le premier acompte sera donc calculé sur la base du bénéfice de référence (bénéfice imposable au taux plein) de l'exercice N–2 :
1er acompte = 90 000 × 7 % = 6 300 €.

– *15/6/N : deuxième acompte.* À la date du 15/6/N, le résultat imposable de l'exercice N–1 est connu. Il vaut ici 100 000 €. On aura donc :
2e acompte = 100 000 × 7 % = 7 000 €.
Il faudra régulariser le premier acompte qui, si le bénéfice imposable de N–1 avait été connu, aurait du être égal au deuxième acompte :

régularisation du premier acompte = 7 000 – 6 300 = 700 €.

Au total, le 2e acompte vaut : 7 000 + 700 = 7 700 €.
– *15/9/N : troisième acompte.* Il vaut : 100 000 × 7 % = 7 000 €.
– *15/12/N : quatrième acompte.* Il est égal au troisième acompte : 7 000 €.
– *15/5/N+1 (au plus tard) : liquidation définitive de l'IS.*

L'impôt au taux plein dû au titre de l'exercice N s'élève à : 150 000 × 28 % =	42 000
Il faut déduire de ce montant les quatre acomptes trimestriels de l'exercice N : 6 300 + 7 700 + 7 000 + 7 000 =	28 000
Solde dû :	14 000
À ce solde s'ajoute l'impôt au taux de 10 % sur la plus-value nette à long terme de l'exercice N, soit : 20 000 × 10 % =	2 000
Versement total pour la liquidation de l'IS de l'année N : (versement effectué le 15/5/N+1)	16 000

Notions sur la fiscalité indirecte

La fiscalité indirecte comprend trois catégories de contributions ou de taxes : la TVA, les contributions indirectes, les taxes parafiscales.

La taxe sur la valeur ajoutée (TVA)

- La TVA a été instituée par une loi du 10 avril 1954. D'abord limité, le champ d'application de la TVA a été étendu à l'ensemble des activités économiques. La TVA est une taxe unique prélevée au stade de la consommation, mais acquittée à tous les stades du circuit économique. La taxe est calculée sur le prix de vente du produit (chiffre d'affaires), le redevable pouvant déduire la taxe facturée sur ses achats.
- *Le mécanisme de la TVA* : voir exemple p. 103 (cas normal).

Les contributions indirectes

- Ce sont des impôts qui frappent certains produits ou activités et qui s'ajoutent généralement à la TVA ou, exceptionnellement, qui s'y substituent (exemple : droits sur les spectacles). Ces impôts s'appliquent à des produits spécifiques : produits alimentaires (exemples : vins, alcools), tabacs et cigarettes, aéronefs et bijoux, produits pétroliers (taxe intérieure sur les produits pétroliers, TIPP), véhicules routiers. Ils frappent également certains services (par exemple, la taxe sur la publicité télévisée) ou sont liés à l'exercice d'une profession (par exemple, le droit de licence des débitants de boissons).
- En général, le tarif est fixé forfaitairement par unité de produit imposable, exceptionnellement en pourcentage du prix de vente (exemple : impôt sur les spectacles en pourcentage des recettes).
- Ces contributions ont un rendement intéressant ; en particulier, la TIPP est, selon les années, le troisième ou le quatrième impôt français du point de vue du rendement. Elles permettent de surveiller les opérations de fabrication et de commercialisation (vins, alcools, tabacs) pour lutter contre les produits ayant un effet nocif sur la santé.
- Le régime des contributions indirectes a fait l'objet d'une harmonisation partielle au niveau européen, concernant les produits pétroliers, les produits alcooliques, les tabacs manufacturés. En raison de divergences entre les États membres, le régime des autres produits reste soumis aux réglementations nationales.

Les taxes parafiscales

- Ce sont des taxes perçues au profit d'établissements publics industriels et commerciaux et de personnes privées, dans un but économique et social bien déterminé, précisé par les textes (décrets). Elles sont nombreuses et peuvent être perçues soit directement soit en addition de la TVA.
- On peut citer (mais il en existe une cinquantaine) : les taxes perçues pour l'amélioration du fonctionnement des marchés agricoles ou bien celles destinées au financement de la formation professionnelle.

L'HARMONISATION EUROPÉENNE EN MATIÈRE DE TVA

Difficultés liées à la suppression des frontières fiscales (1/1/1993)

– *Le régime applicable avant la suppression des frontières fiscales* était simple : les exportations étaient exonérées tandis que les importations étaient soumises à la TVA au moment du passage de la frontière : un Français qui achetait un produit allemand payait la TVA au taux français, et un Allemand qui achetait un produit français payait la TVA au taux allemand. La TVA étant un impôt supporté par le consommateur, il était logique que l'on appliquât dans chaque pays le taux national.

– *Depuis le 1/1/1993*, un régime transitoire a été institué puisque, les frontières étant supprimées dans la Communauté, on ne peut plus prélever la TVA à l'importation. Pour les échanges extracommunautaires, le régime antérieur d'exonération des exportations et d'imposition des importations continue à s'appliquer. Il y a changement pour les échanges intracommunautaires : on ne parle plus d'exportations ou d'importations, mais de livraisons ou d'acquisitions intracommunautaires. Les livraisons intracommunautaires sont soumises à un régime semblable à celui appliqué aux exportations, tandis que les acquisitions intracommunautaires sont imposables au moment de la réception dans les locaux de l'acheteur. Si un produit français est vendu en Allemagne, l'entreprise allemande paiera la TVA au taux allemand au moment de la réception en Allemagne. Ce régime transitoire aurait dû s'achever le 31 décembre 1996, mais, compte tenu de la disparité des taux de TVA, l'instauration du régime définitif (TVA facturée par le vendeur au taux du pays vendeur) risque d'apparaître plus tard. Dans les conditions actuelles, ce régime définitif favoriserait les pays à taux bas (exemple : l'Allemagne).

Les étapes de l'harmonisation

– *Première étape : l'adoption d'un système commun de TVA*. Cette adoption a été décidée par tous les États membres, dans le cadre de l'harmonisation des fiscalités, le 11 avril 1967 (première directive du Conseil). Elle a eu pour conséquence l'abandon des autres impositions du chiffre d'affaires.

– *Deuxième étape : l'harmonisation des législations nationales.* Il s'agissait d'harmoniser les modalités d'application du système commun de TVA par une harmonisation des législations nationales. La référence pour les États membres a été constituée par la sixième directive (17 mai 1977), qui simplifie le champ d'application, les bases d'imposition, les déductions, l'harmonisation complète des taux étant repoussée à plus tard. Sur cette assiette unifiée, une TVA communautaire, au taux de 1,4 %, est prélevée pour financer le budget de la Communauté.

– *Troisième étape : la suppression des frontières fiscales.* L'instauration de la Communauté européenne a entraîné la suppression des frontières douanières (les droits de douane étant supprimés à l'intérieur de la Communauté), mais non celle des frontières fiscales. Le traité de Maastricht (7 février 1992) a institué l'Union européenne et le marché unique. Avec le marché unique, les frontières fiscales se trouvaient supprimées à partir du 1er janvier 1993. Cette suppression a engendré des difficultés en matière de TVA pour les échanges intracommunautaires, et un régime transitoire a été prévu, pour essayer de surmonter ces difficultés (voir ci-dessus).

Opérations imposables

La loi distingue les opérations imposables à titre obligatoire et les opérations imposables sur option. Dans les opérations imposables à titre obligatoire, la loi distingue encore les opérations imposables « par nature » et les opérations soumises « par une disposition expresse de la loi ».

Les opérations imposables par nature

D'après l'article 256 du CGI, sont passibles de la TVA les opérations relevant d'une activité économique, effectuées à titre onéreux par des assujettis.

Les opérations relevant d'une activité économique. Ce sont les livraisons de biens et les prestations de services.

Les opérations effectuées à titre onéreux supposent qu'il existe une contrepartie (argent, bien, service) remise par l'acheteur d'un bien ou par le bénéficiaire d'une prestation de service, quelle que soit l'importance de cette contrepartie. De plus, il faut qu'il y ait un lien direct entre la prestation rendue et la contrepartie.

Les opérations effectuées par des assujettis. Selon l'article 256 A du CGI, « sont assujetties à la TVA les personnes qui effectuent de manière indépendante une des activités économiques mentionnées au 5e alinéa, quels que soient le statut juridique de ces personnes, leur situation au regard des autres impôts et la forme ou la nature de leur intervention. » Les caractéristiques prévues par la loi sont donc les suivantes :
- l'exercice d'une activité à titre indépendant (ce qui exclut les salariés) ;
- l'exercice d'une activité économique (producteur, commerçant, prestataire de services, y compris les activités extractives, agricoles et celles des professions libérales) ;
- quel que soit le statut juridique et fiscal des personnes.

Les opérations imposables par une disposition expresse de la loi

Les livraisons à soi-même. Il y a livraison à soi-même lorsque l'assujetti est à la fois fournisseur et consommateur. L'imposition de cette opération vise à rétablir l'égalité de taxation entre ceux qui s'approvisionnent auprès des commerçants et ceux qui fabriquent eux-mêmes les produits en utilisant pour leurs propres besoins des marchandises taxables prélevées sur les marchandises destinées à la vente. L'assujetti peut consommer, à titre personnel, ce qui lui est fourni par son entreprise (autoconsommation) ; il peut produire ce qui sera consommé par son entreprise (autoproduction). Le principe est qu'une telle opération est soumise à TVA, avec cependant des aménagements (voir p. 116).

Les opérations à caractère international : importations et acquisitions intracommunautaires. Les importations, de même que les acquisitions intracommunautaires, sont soumises à la TVA au taux français, pour réaliser la neutralité fiscale entre produits importés et produits nationaux.

Certaines opérations immobilières. Les activités immobilières obéissent à un régime particulier : la TVA est applicable sur les opérations concourant à la production ou à la livraison d'immeubles (voir p. 117).

L'achat de certains produits auprès de producteurs non redevables de la TVA. Les produits visés sont notamment les boissons alcoolisées et les pierres précieuses.

LES OPÉRATIONS IMPOSABLES SUR OPTION

L'intérêt d'opter pour la TVA

Les entreprises soumises à la TVA sont exonérées de la taxe sur les salaires. Les assujettis partiels à la TVA sont partiellement soumis à la taxe sur les salaires (selon le rapport entre le montant des recettes concernant les opérations ouvrant droit à déduction de TVA et le montant des recettes totales).

L'option pour la TVA permet de déduire la TVA facturée en amont.
Soit une entreprise qui achète un produit 1 000 €, avec une TVA de 200 € (taux de 20 %), et qui le vend avec une marge de 50 % du prix d'achat hors taxes (= 500 €).
1) Si l'entreprise n'a pas opté pour la TVA, son coût d'achat est : 1 000 + 200 = 1 200 € et le prix de vente sera fixé à : 1 200 + 500 = 1 700 €. Ce sera le prix facturé au client, que ce dernier soit ou non assujetti à la TVA.
2) Si l'entreprise a opté pour la TVA, la TVA payée lors de l'achat sera déductible et le coût d'achat ne sera que de 1 000 €. Le prix de vente s'élèvera dans ce cas à : 1 000 + 500 = 1 500 €. Bien entendu, la TVA devra être facturée au client pour : 1 500 + 300 = 1 800 €.
– Si le client est non assujetti à la TVA, il ne pourra pas déduire la TVA facturée de 300 € et, pour lui, le coût d'achat sera de 1 800 €, ce qui est plus élevé que précédemment (1 700 €).
– Si le client est assujetti à la TVA, il pourra déduire la TVA facturée de 300 € et, pour lui, le coût d'achat sera de 1 500 €, montant moins élevé que précédemment (1 700 €).
Cet exemple montre que l'option est intéressante si l'on réalise des achats et des investissements soumis à la TVA, et ce d'autant plus que les clients sont soumis à la TVA.

Les cas d'option

Ils sont limitativement énumérés par la loi et concernent : les établissements financiers, les petits exploitants agricoles, les collectivités locales pour certains de leurs services (exemple : ramassage des ordures ménagères), les entreprises réalisant des opérations portant sur des déchets neufs d'industrie et des matériaux de récupération, les personnes donnant en location un établissement industriel et commercial non équipé, les micro-entreprises bénéficiant du régime de la franchise en base liée à la faiblesse du chiffre d'affaires.

La durée de l'option

– *Le régime de droit commun* concerne les petits exploitants agricoles et les collectivités locales. La durée de l'option initiale est de cinq ans (trois ans pour les exploitants agricoles). Si l'assujetti bénéficie d'un remboursement de crédit de TVA à l'occasion de son option, la durée est automatiquement reconduite pour une période de cinq ans.

– *Le régime des locations immobilières.* La durée des options est doublée : dix ans en principe, vingt ans en cas de remboursement de crédit de TVA. L'option est avantageuse lorsque le locataire est soumis à la TVA. Ainsi, une société civile immobilière ayant construit un immeuble à usage professionnel, qu'elle loue, optera immédiatement pour la TVA, ce qui lui permettra d'obtenir le remboursement de la TVA payée lors de la construction. En contrepartie, l'option a une durée relativement longue, en pratique de vingt ans dans le cas envisagé ; en conséquence, l'État encaissera pendant vingt ans la TVA sur les loyers.

Les exonérations

Certaines opérations qui entrent dans le champ d'application de la TVA sont expressément exonérées par la loi. Dans ce cas, la personne exonérée ne facture pas la TVA (l'opération de vente est nette de taxes) et ne peut déduire la TVA qui lui a été facturée. Les exonérations sont nombreuses.

Les exonérations concernant les opérations effectuées avec l'extérieur

Les exportations effectuées vers des États n'appartenant pas à l'Union européenne sont exonérées mais, par exception, elles ouvrent droit à déduction, comme si elles étaient soumises à la TVA au taux 0. Les livraisons intracommunautaires sont soumises à un régime semblable à celui des exportations.

Les exonérations destinées à éviter un cumul d'imposition

- Dans la base de calcul de la TVA figurent normalement des taxes spéciales : taxes parafiscales, droits de douane, taxe locale d'équipement, taxes sur les alcools, taxes sur les produits pétroliers. Ainsi, la TVA présente, dans ce cas, un caractère cumulatif.
- Exceptionnellement, on a voulu éviter un cumul d'imposition en exonérant de TVA certaines opérations soumises à une taxation spécifique. Il en est ainsi pour les opérations soumises aux droits d'enregistrement (ventes d'immeubles anciens, de fonds de commerce), les gains des jeux de hasard et les opérations de Bourse (soumis à un impôt spécial), les opérations d'assurances (soumises à la taxe sur les assurances, qui prive les compagnies d'assurances du droit à déduction).

Les exonérations des opérations bancaires

Les opérations bancaires sont largement exonérées, pour ne pas alourdir le coût du crédit. Les banques se trouvent dans une situation comparable à celle des compagnies d'assurances. Cependant, certaines opérations sont imposables sur option et d'autres sont imposables obligatoirement.

- *Les recettes exonérées.* Il s'agit surtout des intérêts et des agios d'escompte, qui présentent une grande importance pratique.
- *Les recettes imposables sur option* sont essentiellement les commissions rémunérant les services bancaires pour des opérations de crédit sur effets de commerce et pour des opérations de gestion de fonds commun de placement ou de créances.
- *Les recettes imposables obligatoirement* concernent les opérations de recouvrement de créances, de garde ou de gestion de valeurs mobilières, les études financières, les locations de coffres-forts, etc.

Exonérations diverses

Elles concernent les associations d'utilité sociale ; les micro-entreprises ; les activités relevant du secteur médical ; les débours des mandataires ; les activités d'enseignement ; les déchets neufs d'industrie et matières de récupération ; les petits agriculteurs ; certaines locations immobilières ; les biens d'occasion.

LES INCONVÉNIENTS DES EXONÉRATIONS

On pourrait penser, logiquement, qu'être exonéré de TVA constitue un avantage. Il n'en est rien, et les exonérations présentent des inconvénients. Un inconvénient a déjà été signalé : les employeurs exonérés de TVA sont redevables de la taxe sur les salaires. Mais l'inconvénient majeur est, pour la personne exonérée, la suppression du droit à déduction. C'est ce dernier aspect qui est présenté ci-après.

La signification de l'exonération

Une entreprise exonérée ne facture pas la TVA sur ses ventes mais, en contrepartie, elle ne peut déduire la TVA qui figure sur ses factures d'achat et qui lui a été facturée par ses fournisseurs. Il y a donc suppression du droit à déduction et c'est évidemment un inconvénient important, qui a pour effet d'augmenter le prix des biens ou des services achetés, puisque ce prix comprend la TVA non déductible payée sur les achats.

Exemple

Soit un circuit dans lequel un produit, fabriqué par un producteur, est vendu 100 € avec un taux de TVA de 20 % sans qu'aucune taxe ne soit facturée au producteur. Le producteur vend le produit à un intermédiaire grossiste, lequel le vend à un détaillant avec une marge de 40 % sur le prix d'achat. Le détaillant, de son côté, calcule son prix de vente avec une marge de 50 % de son prix d'achat. Les prix de vente successifs hors TVA s'établissent comme suit :

Producteur → 100 Grossiste → 140 (a)
Détaillant → 210 (b)

avec : (a) 140 = 100 + 40 % × 100,
(b) 210 = 140 + 50 % × 140.

Cas normal : aucune exonération

Circuit	Prix de vente hors taxes (1)	TVA collectée (2) = (1) x 20 %	TVA déductible sur achats (3)	TVA due à l'État (4) = (2) – (3)
Producteur	100	20	0	20
Grossiste	140	28	20	8
Détaillant	210	42	28	14
			Total	42

Le prix de vente au consommateur sera de : 210 + 42 = 252 €, et le Trésor encaissera 42 € (20 € du producteur, 8 € du grossiste et 14 € du détaillant).

Cas particulier : intermédiaire grossiste exonéré

Par rapport au cas précédent, il n'y a pas de modification pour le producteur. Le grossiste, qui ne peut déduire la TVA facturée par le producteur, doit appliquer son taux de marge de 40 % à 120 € et non à 100 €, ce qui donne : marge = 120 × 40 % = 48 et prix de vente = 120 + 48 = 168 €. Le grossiste ne facturant pas la TVA, le détaillant ne pourra la déduire et son prix de vente hors TVA sera de : 168 + (168 × 50 %) = 252 €. Le prix de vente (TVA comprise) au consommateur vaudra : 252 + (252 × 20 %) = 252 + 50,40 = 302,40 €. En conséquence, le Trésor encaissera : 20 (du producteur) + 50,40 (du détaillant) = 70,40 €.

Il apparaît que les exonérations engendrent une hausse du prix à la consommation (302,40 € contre 252 € dans l'exemple), avec une hausse de l'impôt payé au Trésor (70,40 € contre 42 €).

Calcul de la TVA sur les ventes (ou TVA facturée)

Le redevable calcule la TVA sur ses ventes, la collecte auprès de ses clients et déduit ensuite la TVA qu'il a lui-même payée sur ses achats, la différence étant versée au Trésor.

Fait générateur et exigibilité de la TVA

La 6e directive européenne, intégrée dans la loi française, distingue le fait générateur et l'exigibilité de la TVA : le fait générateur est l'événement qui engendre la créance du Trésor tandis que l'exigibilité est l'événement qui donne au Trésor le droit de faire payer la TVA.

Le régime des livraisons de biens meubles corporels. Pour ces opérations, fait générateur et exigibilité coïncident, car ils sont constatés par la livraison du bien. La livraison est la remise matérielle du bien entre les mains de l'acheteur, même si le prix n'a pas été payé ; la facture est généralement émise à ce moment-là. Si le paiement intervient en tout ou partie avant la livraison (acompte), aucune taxe n'est à facturer. Si le paiement intervient après la livraison (vente à crédit), le vendeur doit faire l'avance de la TVA qu'il n'a pas encore collectée. En contrepartie, l'achat à crédit lui permet de déduire immédiatement la TVA sur les achats, alors que le décaissement sera fait plus tard.

Le régime des prestations de services et des travaux immobiliers. Pour ces opérations, fait générateur et exigibilité ne coïncident pas. Le fait générateur est constitué par l'exécution des services ou des travaux, l'exigibilité par l'encaissement du prix. Le prestataire de services ne fait donc pas l'avance de la TVA, à la différence du vendeur de biens à crédit. La date de l'encaissement du prix est la date de l'encaissement du chèque, de l'inscription au compte bancaire ou postal du prestataire, la date d'échéance de la traite. Deux options sont ouvertes aux redevables : l'option pour les débits et, pour les travaux immobiliers, l'option pour les livraisons.
– L'option pour les débits. Dans ce cas, la taxe est exigible au moment de l'inscription de la somme au débit du compte « client », dans la comptabilité du prestataire ou de l'entrepreneur, qui intervient généralement au moment de la facturation, avant l'encaissement. La date de paiement de la TVA est donc avancée. Si, exceptionnellement, l'encaissement est antérieur au débit, la TVA devient exigible sur les sommes encaissées ; l'option pour les débits ne peut retarder l'exigibilité de la taxe.
– L'option pour les livraisons. Elle est ouverte aux entrepreneurs de travaux immobiliers, sous certaines conditions. L'exigibilité est constituée par la remise des ouvrages au maître de l'ouvrage.

Les régimes particuliers. Seuls sont indiqués les cas suivants :
– pour les livraisons à soi-même, la taxe est exigible lors de la première utilisation du bien ou lorsque la prestation de service est effectuée ;
– pour les importations, la TVA est due au moment du passage de la frontière.

La base d'imposition de la TVA

Elle comprend le prix total du bien ou du service, tous frais compris. Une analyse est nécessaire pour préciser les éléments du prix total (voir ci-contre).

COMPLÉMENTS SUR LA BASE D'IMPOSITION DE LA TVA

Règles générales de détermination de la base d'imposition

– *Éléments imposables*

• Le prix de base. Il comprend tous les impôts, taxes, droits et prélèvements de toute nature, à l'exception de la TVA elle-même. Autrement dit, la base est le prix hors TVA. Il est à noter que le prix convenu avec le client est réputé TVA comprise (prix TTC). Si le prix convenu est de 2 400 € alors que le taux normal de TVA est de 20 %, le prix hors TVA vaudra : 2 400/1,20 = 2 000 €, et la TVA sera de : 2 400 – 2 000 = 400 €. Le vendeur devra verser la TVA au Trésor et sa vente ne sera que de 2 000 €.

• Les frais accessoires. Ils sont généralement inclus dans la base d'imposition. Ce sont les frais de transport, les frais de commission et de courtage, les frais d'assurance, les frais financiers, les frais d'emballage, les frais fiscaux et les majorations pour services rendus. Les intérêts facturés au client pour le crédit accordé sont imposables. Mais si le vendeur mobilise sa créance (par l'escompte d'une traite, par exemple), les frais financiers d'agios n'ont pas d'incidence sur la TVA, qui est calculée sur le montant de la facture et non sur le montant encaissé par le vendeur. Les indemnités diverses sont imposables si elles ne sont pas assimilables à des dommages-intérêts versés en réparation d'un préjudice, mais si elles rémunèrent un service (indemnités correspondant aux aléas normaux du commerce). Les pourboires sont, en principe, soumis à la TVA ; cependant, l'Administration admet qu'ils soient exclus de la base d'imposition à condition, notamment, qu'ils soient considérés comme des suppléments de salaires soumis à l'IR.

Les emballages perdus, vendus avec le produit, sont imposables à la TVA, mais les emballages consignés (récupérables) ne le sont pas, sauf s'ils ne sont pas restitués (ils sont alors considérés comme vendus).

– *Éléments non imposables*

• Les réductions. Les réductions à caractère commercial (rabais, remises, ristournes) et les réductions à caractère financier (escomptes) viennent en diminution du chiffre d'affaires imposable. Si les réductions sont accordées après la facturation initiale, le vendeur peut les déduire de son chiffre d'affaires imposable, mais il doit alors adresser une note rectificative à son client, qui devra reverser la fraction de TVA qu'il avait récupérée initialement. Le client ne sera pas astreint à reversement si le vendeur lui adresse une note d'avoir portant la mention « net de taxes » (ce qui signifie que la réduction est consentie nette de TVA).

• Les débours faits par les mandataires. Sont exonérées les dépenses engagées par les mandataires sur l'ordre et pour le compte de leurs mandants. Cette exonération de TVA est soumise à des conditions très rigoureuses ; en particulier, les frais déboursés ne doivent pas avoir un caractère forfaitaire.

Règles particulières

La TVA est calculée sur une base particulière pour certaines opérations.

– *Livraisons à soi-même :* la base d'imposition est le prix d'achat des biens ou des services consommés ou le prix de revient des biens fabriqués.

– *Biens d'occasion :* les négociants peuvent calculer la TVA sur le prix de vente total ou sur la marge.

– *Importations :* la TVA se calcule sur la valeur en douane.

Les taux de TVA

La généralisation de l'application de la TVA à l'ensemble des activités économiques et aux différents pays européens a facilité l'harmonisation internationale de la fiscalité indirecte. Cependant, des difficultés apparaissent car les taux ne sont pas unifiés entre les différents États.

La pluralité des taux

■ La France doit tenir compte des directives européennes pour la fixation de ses taux de TVA. Les États membres peuvent adopter, au maximum, trois taux : un taux normal, dont le minimum est 15 %, et un ou deux taux réduits, qui ne peuvent être inférieurs à 5 %. Des régimes dérogatoires sont cependant prévus.

■ La loi française prévoit trois taux principaux : le taux normal de 20 % et les taux réduits de 10 % et 5,5 %. Le taux normal est le taux de droit commun qui s'applique lorsqu'un autre taux n'est pas prévu par les textes. Le taux réduit de 10 % concerne les ventes à consommer sur place et à emporter (en vue d'une consommation immédiate), la restauration, les travaux dans les logements. Le taux réduit de 5,5 % concerne les produits alimentaires de première nécessité, les équipements et prestations pour personnes dépendantes, les abonnements relatifs aux livraisons de gaz et d'électricité, les cantines scolaires et les livres et billetteries des spectacles vivants.

■ La loi française prévoit également divers taux particuliers. Il existe un taux spécifique super-réduit de 2,1 %, dont bénéficient les médicaments remboursés par la Sécurité sociale, les publications de presse ainsi que la redevance de télévision. De plus, des taux plus faibles sont appliqués parfois (DOM et Corse).

■ La pluralité des taux répond à des préoccupations socio-économiques. La principale difficulté est de définir le champ d'application de chacun des taux. Le système de pluralité des taux permet de corriger le principal défaut de la fiscalité indirecte : son manque d'équité. On applique donc des taux plus faibles aux dépenses de consommation courante, qui représentent une part importante du budget des familles les plus modestes.

La diversification des taux entre les différents États

Le tableau ci-contre donne une vue globale des taux pratiqués dans les États membres de l'Union européenne.

Les taux de TVA en Europe au 01/01/17

États membres de l'UE	Taux réduit	Taux normal
Allemagne	7 %	19 %
Autriche	10 %, 13 %	20 %
Belgique	6 %, 12 %	21 %
Bulgarie	9 %	20 %
Chypre	5 %, 9 %	19 %
Croatie	5 %, 13 %	25 %
Danemark	–	25 %
Espagne	4 %, 10 %	21 %
Estonie	9 %	20 %
Finlande	10 %, 14 %	24 %
France	**2,1 %, 5,5 %, 10 % (1)**	**20 %**
Grèce	6,5 %, 13 %.	24 %
Hongrie	5 %, 18 %	27 %
Irlande	4,8 %, 13,5 %, 9 %	23 %
Italie	5 %, 4 %, 10 %	22 %
Lettonie	5 %, 12 %	21 %
Lituanie	5 %, 9 %	21 %
Luxembourg	3 %, 8 %	17 %
Malte	5 %, 7 %	18 %
Pays-Bas	6 %	21 %
Pologne	5 %, 8 %	23 %
Portugal	6 %, 13 %	23 %
Roumanie	5 %, 9 %	19 %
Royaume-Uni	5 %	20 %
République slovaque	10 %	20 %
République tchèque	10 %, 15 %	21 %
Slovénie	9,5 %	22 %
Suède	6 %, 12 %	25 %

(1) Des taux particuliers s'appliquent dans les DOM et en Corse.

LE CALCUL DE LA TVA

Vente d'une automobile neuve

Le prix de vente d'une automobile neuve comprend de nombreux éléments : au prix catalogue, départ usine, il faut retrancher une ou plusieurs remises, la valeur de reprise du véhicule usagé et ajouter les frais de transport et de préparation, les options supplémentaires, les intérêts en cas de vente à crédit, le montant de la carte grise et de la vignette. Les véhicules de tourisme, autrefois taxés à un taux majoré, sont soumis au taux normal.

Présentation d'une facture

Prix catalogue	9 500
– Remise de 5 % : 9 500 × 5 %. . .	4 75
. . . .	9 025
+ Option climatisation	1 000
+ Transport et mise à disposition. .	150
+ Intérêts pour paiement à crédit. .	1 825
Total.	12 000
+ TVA : 12 000 × 20 %	2 400
. . . .	14 400
– Reprise du véhicule ancien	1 000
+ Carte grise et vignette	500
Prix net à payer, TTC . . .	13 900

Les réductions se déduisent de la base imposable. Les intérêts du crédit obtenu sont imposables parce qu'ils sont attachés à une opération commerciale ; ils ne seraient pas imposables si le crédit avait été accordé par une banque ou un établissement financier. La reprise du véhicule ancien correspond à un achat, par le garagiste, à un particulier non assujetti à la TVA et qui, de ce fait, ne peut la facturer. La carte grise et la vignette sont des frais avancés par le garagiste et à la charge de l'acheteur (débours faits par un mandataire : non imposables).

Commerce de détail

Le taux de la TVA est appliqué au montant hors TVA et la comptabilité est normalement tenue hors taxes. L'assujetti ne rencontre donc aucune difficulté pour remplir ses déclarations mensuelles (voir plus loin), dans lesquelles les opérations imposables doivent être récapitulées pour leur montant hors taxes. Dans le commerce de détail, cependant, les ventes sont généralement comptabilisées pour les prix affichés taxes comprises, et il faut alors retrouver le montant des ventes hors taxes en utilisant des coefficients de conversion adéquats.

– *Taux normal de 20 %.* Raisonnons à partir d'un prix de vente hors taxes (PVHT) de 100 €. La TVA vaut : 100 × 20 % = 20 €, et le prix de vente toutes taxes comprises (PVTTC) s'élève à 120 €. Le coefficient de conversion **c** est tel que, multiplié par le PVTTC (supposé connu), il donne le PVHT (supposé non connu) : PVTTC × **c** = PVHT, soit **c** = PVHT/PVTTC = 100/120 = 0,8333 (en pratique, on prend 0,833).

> Exemple : PVTTC = 1 800 € ;
> PVHT = 1 800 × 0,833 = 1 500 €

– *Taux réduit de 10 %.*
PVHT = 100 € ; PVTTC = 110 € ; **c** = PVHT/PVTTC = 100/110 = 0,909090 (en pratique, on prend 0,909).

– *Taux réduit de 5,5 %.* On a de même : PVHT = 100 € ; PVTTC = 105,5 € ; **c** = PVHT/PVTTC = 100/105,5 = 0,9478673 (en pratique, on prend 0,948).

> Exemple : PVTTC = 1 890 € ;
> PVHT = 1 890 × 0,948 = 1 791,72 €

– *Taux réduit de 2,1 %.* Avec le même raisonnement, on aura : PVHT = 100 € ; PVTTC : 102,10 € ; **c** = PVHT/PVTTC = 100/102,1 = 0,979432 (en pratique, on prend 0,979).

> Exemple : PVTTC = 13 273 € ;
> PVHT = 13 273 × 0,979 = 13 000 €

Les conditions du droit à déduction

La TVA qui a frappé les éléments du prix de revient est déductible de la TVA facturée : TVA due = TVA facturée – TVA déductible.

Première condition : biens et services nécessaires à l'exploitation

- Selon le CGI, la TVA n'est déductible que si les biens et services qu'elle frappe sont nécessaires à l'exploitation. Il n'est plus exigé que les biens et services soient affectés exclusivement à l'exploitation : la taxe est déductible au prorata de l'utilisation dans l'intérêt de l'exploitation. Cependant, toute déduction est refusée si le bien est utilisé à plus de 90 % dans un intérêt privé. La loi prévoit des cas où la TVA n'est pas déductible, soit en totalité soit partiellement.
- Les dépenses de logement supportées par les entreprises au bénéfice de ses dirigeants ou de ses salariés ne sont pas déductibles.
- Le droit à déduction est également supprimé pour tous les engins conçus pour le transport des personnes et pour toutes les catégories de dépenses les concernant, à condition que les matériels soient des immobilisations et qu'ils soient non affectés au transport public des voyageurs.
- N'est pas déductible la taxe frappant les biens cédés à titre gratuit ou moyennant une rémunération très inférieure à leur prix normal. Sont visés les cadeaux d'affaires, les avantages en nature aux salariés, les gratifications versées à des intermédiaires. Cependant, l'entreprise peut récupérer la taxe pour les biens de très faible valeur unitaire (inférieure à 69 € TTC).
- Les produits pétroliers ouvrent droit à déduction (fioul, propane, butane, GPL), avec quelques exceptions. Ainsi, la taxe sur les essences utilisées comme carburant est déductible à 40 % depuis le 1/01/2019. La taxe sur le gazole et le GPL est déductible en cas d'utilisation par des véhicules ouvrant droit à déduction (camions, par exemple), mais n'est déductible que pour 80 % de son montant dans le cas contraire.
- Les services qui se rapportent à des biens exclus du droit à déduction sont également exclus.

Deuxième condition : existence d'un document justificatif

La TVA n'est déductible que si elle figure sur un document justificatif : une facture d'achat (qui doit obligatoirement faire apparaître le taux et le montant de la TVA), un document douanier en cas d'importation, une déclaration de l'entreprise en cas de livraison à soi-même, un acte notarié pour des ventes d'immeubles.

Troisième condition : exigibilité et déduction ont lieu en même temps

Cela signifie que le droit à déduction chez le client naît lorsque la TVA devient exigible chez le fournisseur. En conséquence, l'exigibilité de la taxe a deux effets :
- le fournisseur (vendeur) doit payer au Trésor la taxe qu'il a facturée au client ;
- le client (acheteur) acquiert le droit de déduire la TVA facturée par le fournisseur.

LES FRAUDES À LA FACTURATION

L'obligation de délivrance d'une facture

Toute personne imposable à la TVA doit remettre une facture chaque fois qu'elle livre un bien ou qu'elle effectue une prestation de services au profit d'un client lui-même assujetti. La facture n'est pas obligatoire pour des opérations réalisées avec de simples particuliers, qui n'ont aucun droit à déduction, sauf pour les travaux qu'effectuent les professionnels du bâtiment (plombiers, peintres, etc.). La facture doit comporter obligatoirement les mentions suivantes : l'identification des parties (fournisseur, client), le montant du prix hors TVA, le taux et le montant de la TVA, le montant du prix TVA comprise ainsi que le numéro d'identification TVA du fournisseur.

Le client doit avoir entre les mains une facture de son fournisseur, sur laquelle figure la TVA, pour pouvoir la déduire. Inversement, tout fournisseur qui facture une TVA, même par erreur (TVA facturée à tort, erreur de taux, etc.), doit la payer au Trésor. Cependant, il est admis que l'erreur puisse être réparée par le redevable de bonne foi en adressant une facture rectificative à son client.

Le mécanisme des fraudes à la facturation

– *Les ventes sans facture.* C'est évidemment, pour un assujetti, la manière la plus simple de frauder. Elle est très utilisée dans certains secteurs. Bien entendu, le client ne peut déduire la TVA, puisqu'il n'a pas de facture, et ne peut enregistrer l'achat ou la prestation de services dans ses charges, pour la même raison.

Pour essayer de déceler la fraude, l'Administration dispose de monographies professionnelles renfermant différents ratios, en particulier le ratio de marge brute. La marge brute est la différence entre les ventes et les achats consommés. Le ratio de marge brute est le rapport entre la marge brute et les ventes ou, mieux, le rapport entre la marge brute et les achats consommés. Lorsqu'il y a fraude, elle est réprimée sévèrement par une amende fiscale de 80 % des droits non payés et par des sanctions pénales (amende de 75 000 € maximum et emprisonnement jusqu'à cinq ans).

– *Les fausses factures.* Une facture erronée est une fausse facture, mais on a vu plus haut que, lorsque les parties sont de bonne foi, une facture rectificative peut être émise par le fournisseur de bonne foi. Il s'agit donc ici de factures ne correspondant à aucune opération réelle et destinées à faire bénéficier le client d'un droit à déduction frauduleux. Il s'agit également de factures correspondant à une livraison réelle, mais sans paiement de la taxe par le fournisseur, qui disparaît sans laisser d'adresse (le fournisseur, qui est essentiellement un taxeur, est appelé « taxi » par déformation du mot taxeur).

Le fournisseur (taxi) vend des articles, fabriqués dans un atelier clandestin, à un client (négociant intermédiaire faisant partie du gang). Le client règle par chèque et déduit la TVA figurant sur la facture lors de ses ventes à un négociant final. Le taxi retire l'argent, paie en espèces l'atelier clandestin et disparaît sans payer la TVA facturée. Ainsi, la TVA non payée par le taxi constitue le bénéfice du gang pour cette opération. Le taxi (généralement une SARL) réapparaît sous la forme d'une autre société. Et ainsi de suite.

La mise en œuvre du droit à déduction (1)

Depuis le 1er janvier 2008, le coefficient de déduction a remplacé le prorata de TVA.
À chaque acquisition d'un bien ou d'un service, la taxe déductible est déterminée en fonction d'un coefficient de déduction.

Le calcul du coefficient de déduction

Coefficient de déduction = coef. d'assujettissement × coef. de taxation × coef. d'admission
Ce coefficient de déduction peut donc varier d'un bien ou d'un service à l'autre.

Le coefficient d'assujettissement

Ce coefficient est égal à la proportion d'utilisation de ce bien ou de ce service pour la réalisation d'opérations imposables (CGI, annexe II, art. 206-II).
– Coefficient = 0 (opérations hors champ d'application de la TVA).
– Coefficient = 1 (opérations dans le champ d'application de la TVA).
– L'assujetti calcule lui-même le coefficient d'assujettissement pour chacun des biens et services achetés.

Le coefficient de taxation

Ce coefficient traduit le degré d'affectation d'un bien ou d'un service à une opération qui ouvre droit à déduction (c'est-à-dire une opération qui engendre effectivement une collecte de TVA ou qui est exonérée parce qu'elle n'est pas réalisée en France).
– Coefficient = 0 : les opérations imposables pour lesquelles le bien ou le service est utilisé sont exonérées de TVA. Dans cette hypothèse, l'entreprise ne bénéficie d'aucun droit à déduction.
– Coefficient = 1 : opérations imposables non exonérées. L'entreprise ne subit, dans ce cas, aucune limitation de son droit à déduction.
– Coefficient déterminé de manière forfaitaire : le bien ou le service est utilisé pour la réalisation d'opérations imposables et d'opérations exonérées. Le coefficient de taxation forfaitaire s'applique à l'ensemble des autres biens et services. Cette détermination forfaitaire du coefficient correspond au « prorata de déduction ».
Le calcul du coefficient forfaitaire est : A/B.
A = montant du CA portant sur les opérations ouvrant droit à déduction + opérations exonérées (exportations, livraisons intracommunautaires).
B = montant du CA portant sur les opérations imposables.

Le coefficient d'admission

Ce coefficient dépend de la réglementation en vigueur sur la limitation du droit à déduction.
– Coefficient = 1 : le bien ou le service ne fait l'objet d'aucune mesure de restriction du droit à déduction.
– Coefficient = 0 : le bien ou le service fait l'objet d'une mesure de restriction du droit à déduction.
– Coefficient compris entre 0 et 1 : le droit à déduction est partiel.

EXEMPLES

Exemple de calcul du coefficient de déduction

Une entreprise fait l'acquisition d'un immeuble neuf et acquitte à cette occasion une TVA d'un montant de 325 000 €. Le bien est utilisé à 40 % pour la réalisation d'opérations situées en dehors du champ d'application de la TVA. On supposera un coefficient de taxation de 1. L'immeuble ne fait par ailleurs l'objet d'aucune exclusion particulière.

Le coefficient d'assujettissement est égal à : 0,6 (100 % – 40 %).
Coefficient de taxation : 1
Coefficient d'admission : 1

Le coefficient de déduction de l'immeuble s'élève à : 0,6 × 1 × 1 = 0,6.
Le montant de la TVA déductible est de : 325 000 × 0,6 = 195 000 €.

Exemple de calcul du coefficient forfaitaire de taxation

Les recettes annuelles (hors TVA) d'une entreprise sont les suivantes :

– ventes en France : 10 000 000 € ;
– ventes en Allemagne : 1 000 000 € ;
– ventes aux États-Unis : 2 000 000 € ;
– opérations n'ouvrant pas droit à déduction (opérations exonérées) : 3 000 000 € ;
– opérations financières exonérées de TVA mais considérées comme accessoires : 50 000 €

Calcul du coefficient forfaitaire de taxation : A/B
Le numérateur (A) comprend les recettes qui ouvrent droit à déduction :
ventes en France + ventes en Allemagne + ventes aux États-Unis
10 000 000 + 1 000 000 + 2 000 000 = 13 000 000 €
Le dénominateur (B) comprend les recettes qui sont portées au numérateur plus les opérations qui n'ouvrent pas droit à déduction (3 000 000 €).
Les opérations financières accessoires n'entrent pas dans le calcul du coefficient forfaitaire de taxation.

Coefficient de taxation :
13 000 000/16 000 000 = 0,81

La mise en œuvre du droit à déduction (2)

Les régularisations annuelles des déductions tiennent compte de l'évolution de l'utilisation du bien immobilisé pendant l'année. Les régularisations globales des déductions sont déclenchées par des événements exceptionnels.

Les régularisations annuelles

Une régularisation annuelle sera nécessaire chaque fois que la différence entre le produit des coefficients d'assujettissement et de taxation de l'année, d'une part, et le produit de ces mêmes coefficients au titre de l'année de référence, d'autre part, sera supérieure à 1/10e. La régularisation porte sur une période de 5 ans pour les biens immobilisés et 20 ans pour les immeubles.
La régularisation doit avoir lieu avant le 25/4 de l'année suivante.

Exemple

Une entreprise achète un ordinateur en N. Celui-ci sera utilisé, d'une part, pour des opérations ouvrant droit à déduction et, d'autre part, pour des opérations exonérées n'ouvrant pas droit à déduction. Le coefficient d'assujettissement est égal à 1, le coefficient de taxation est égal à 0,60 (par hypothèse).
En N+1, on estime que le coefficient de taxation est de 0,45.
$(1 \times 0{,}45) - (1 \times 0{,}60) < 0{,}10$
L'entreprise doit reverser une partie de la TVA initialement déduite, à savoir :
$(0{,}45 - 0{,}60) \times$ TVA initiale $\times 1/5$

Les régularisations globales

- Elles sont déclenchées par des événements exceptionnels, comme la cession d'immeubles non soumis à la TVA immobilière (mutation intervenant plus de 5 ans après l'achèvement ou seconde cession dans le délai de 5 ans).

$$(CDn - CDr) \times \text{taxe initiale} \times N/20$$

CDn = coefficient de déduction de l'année de cession = 0
CDr = coefficient de déduction de l'année d'achat = 1
N : nombre d'années restantes jusqu'en N+19

- Elles peuvent également être déclenchées par la cession d'un bien immobilisé autre qu'un immeuble.

$$(CDn - CDr) \times \text{taxe initiale} \times N/5$$

CDn = coefficient de déduction de l'année de cession = 1
CDr = coefficient de déduction de l'année d'achat = 1 ou 0 ou autre
N = nombre d'années restantes jusqu'en N+4

EXEMPLES

Exemple de régularisations annuelles

Une entreprise a défini le coefficient de déduction de 0,80 pour un matériel acheté, début N, 100 000 € HT (TVA : 20 000 €). La TVA n'est déductible qu'à concurrence de :
20 000 × 0,80 = 16 000 €.
La valeur comptable de l'immobilisation s'élève à : 120 000 – 16 000 = 104 000 €.

Hypothèse 1
En N+1, l'entreprise détermine son nouveau coefficient de déduction pour ce matériel. Il est de 0,85.
L'écart entre le coefficient de référence (N) et le coefficient de l'année considérée est de 0,05 (inférieur à 0,10). Il n'y a aucune régularisation annuelle à opérer.

Hypothèse 2
Le coefficient de déduction N+2 est de 0,92.
L'écart entre le coefficient de référence (0,80) et le coefficient de l'année (0,92) est supérieur à 0,10.
L'entreprise doit effectuer une déduction complémentaire de taxe de :
20 000 × (0,92 – 0,80)/5 = 480 €.
La régularisation annuelle est calculée par 1/5e (bien meuble immobilisé) à partir de la taxe initiale, c'est-à-dire la taxe qui a grevé l'achat du bien (20 000 €) et non la taxe initialement déduite (16 000 €).
Cette régularisation doit être portée sur la déclaration au plus tard le 25/4/N+3.

Hypothèse 3
Le coefficient de déduction N+4 est de 0,72.
L'écart entre le coefficient de référence (0,80) et le coefficient de l'année (0,72) est supérieur à 0,10.
L'entreprise doit effectuer un reversement de taxe de :
20 000 € × (0,72 – 0,80)/5 = – 320,00 €.

Exemples de régularisations globales

Exemple 1
Une entreprise achète, en année N, un immeuble neuf pour un montant hors taxes de 850 000 € (TVA : 170 000 €).
On suppose que le coefficient de déduction est égal à 1.
Au cours de l'année N+7, l'entreprise cède son immeuble. La cession n'est pas soumise à la TVA, l'entreprise doit procéder à une régularisation globale.
Reversement de la TVA :
(0 – 1) × (170 000 /20) × 12 = – 102 000 €

Exemple 2
Un assujetti partiel achète, en année N, un matériel pour un montant hors taxes de 3 000 € (TVA : 600 €).
Le coefficient de déduction est de 0,65, soit 390 € de TVA déductible.
Le matériel est revendu en N+2 pour un prix de 1 800 € (vente soumise à TVA).

Les obligations des redevables de la TVA

Les régularisations annuelles des déductions tiennent compte de l'évolution de l'utilisation du bien immobilisé pendant l'année. Les régularisations globales des déductions sont déclenchées par des évènements exceptionnels.

La délivrance de factures avec mention de la TVA

Toute personne assujettie à la TVA doit délivrer une facture lors de chaque livraison de bien ou de chaque prestation de services au profit d'un autre assujetti. L'obligation de facturation n'existe pas si le client n'est pas redevable de la TVA (sauf en matière de travaux immobiliers). Les factures doivent faire apparaître distinctement le nom et l'adresse des parties, le prix hors TVA des biens et services, le taux de TVA applicable, le montant total de la TVA exigible. Le client ne peut déduire la TVA que si elle apparaît sur la facture établie par le fournisseur. Pour les transactions intracommunautaires, la facture doit comporter le numéro d'identification du vendeur. Des mesures de simplification permettent l'émission de factures électroniques ou dématérialisées.

La tenue d'une comptabilité régulière

- Les redevables de la TVA doivent tenir une comptabilité régulière : outre les règles générales édictées par le Code de commerce et le CGI, ils doivent respecter des règles spéciales de comptabilité permettant le calcul aisé de la TVA à payer et le contrôle de l'Administration. Ces règles spéciales sont les suivantes : ventilation entre opérations soumises et non soumises à TVA ; ventilation des opérations soumises à TVA par taux d'imposition ; conservation des factures de vente et d'achat pour justifier de la TVA facturée (TVA collectée) et de la TVA déductible.
- La ventilation des opérations par taux d'imposition peut rencontrer, en pratique, de grosses difficultés dans les entreprises de distribution (vente au détail). L'Administration les autorise à effectuer une ventilation approximative globale avec régularisation annuelle.

Souscription de déclarations périodiques et paiement de la TVA

- *Les déclarations périodiques.* En principe, il faut souscrire des déclarations tous les mois. Cependant, les déclarations peuvent être trimestrielles lorsque la taxe exigible annuelle est inférieure à 4 000 €. Ce sont les assujettis qui calculent la TVA en utilisant les imprimés fournis par l'Administration ; ils sont des collecteurs d'impôt, qu'ils paient au Trésor. C'est le consommateur final qui supporte la TVA.
- *Le paiement de la TVA.* La TVA doit être payée en principe au moment du dépôt de la déclaration, vers le 15 du mois. Le paiement est mensuel pour les entreprises relevant du réel normal, et trimestriel, en principe, pour les autres entreprises. En cas de paiement tardif, des sanctions sont prévues : intérêts de retard et majoration. Depuis le 1er octobre 2012, toutes les entreprises soumises à l'IS ont l'obligation de télétransmettre leurs déclarations et leurs paiements de TVA, ainsi que leurs demandes de remboursement de crédit de TVA, quel que soit leur chiffre d'affaires. Depuis le 1er octobre 2014, toutes les autres entreprises doivent télédéclarer et télérégler la taxe sur la valeur ajoutée.

LES DIFFÉRENTS RÉGIMES D'IMPOSITION

Il existe trois régimes d'imposition, dont la délimitation est identique à celle qui existe en matière de BIC (voir p. 34) : le régime micro, le régime du réel simplifié, le régime du réel normal.

Le régime micro

CA HT n'excédant pas 82 800 € (livraisons de biens, hôtels, restaurants) ou 33 200 € (autres prestataires de services)

La franchise en base de TVA, qui permettait de dispenser de la déclaration et du paiement de la TVA les petits redevables dont le chiffre d'affaires n'excédait pas 15 245 € HT, est alignée sur les nouvelles limites du régime micro : 82 800 € pour les activités d'achat-revente, ou 33 200 € pour les prestations de services (voir p. 34). Le régime micro cesse de s'appliquer si le chiffre d'affaires de l'année en cours dépasse 91 000 € (livraisons de biens...) ou 33 200 € (autres prestations de services).

Le régime du réel simplifié

CA HT compris entre 82 800 € et 789 000 € (livraisons de biens, hôtels, restaurants) ou compris entre 33 200 € et 238 000 € (autres prestations de services).

Depuis le 31 décembre 2014, le montant annuel de TVA exigible doit être inférieur à 15 000 €.
Ce régime est applicable aux entreprises qui remplissent les conditions de chiffre d'affaires, quel que soit leur régime d'imposition : impôt sur les sociétés ou impôt sur le revenu en catégorie BIC ou BNC.
La déclaration simplifiée est effectuée sur une base annuelle, au plus tard le deuxième jour ouvré suivant le 1er mai, au moyen de l'imprimé 3517-S - CA 12. Si l'exercice ne correspond pas à l'année civile, la déclaration doit être effectuée dans les 3 mois suivant sa clôture.
Depuis 2015, la TVA doit être payée par 2 acomptes semestriels, calculés à partir de la taxe due au titre de l'exercice précédent (55 % en juillet et 40 % en décembre).
Si la base de calcul des acomptes est inférieure à 1 000 €, il y a dispense du versement d'acomptes : la TVA est payée pour l'année entière lors de la déclaration annuelle.
Dès lors qu'au cours d'une année donnée les seuils de 789 000 € ou 238 000 € sont franchis, l'assujetti continue de bénéficier du régime simplifié d'imposition l'année du dépassement.

Le régime du réel normal

CA HT supérieur à 789 000 € (ou 238 000 € pour les entreprises prestataires de services autres que les hôtels et restaurants).

Chaque mois, les entreprises doivent remplir une déclaration spéciale (CA-3) comportant les opérations imposables ventilées par taux, le montant de la TVA déductible, la TVA à payer ou le crédit d'impôt à reporter. Depuis le 1/10/14, toutes les entreprises doivent télé-déclarer la TVA et la payer par télérèglement.

Les régimes particuliers de TVA

Il existe de nombreux régimes particuliers de TVA concernant, notamment, les livraisons à soi-même, les biens d'occasion, les activités bancaires et financières.

Les livraisons à soi-même (voir définition p. 100)

L'autoconsommation. Le prélèvement peut porter sur des marchandises, des immobilisations ou des services.
– Marchandises : la TVA frappe le prix de revient des marchandises prélevées pour compenser la TVA initialement récupérée (si le négociant est un entrepreneur individuel, il y a régularisation en fin d'année, sous forme de reversement de la TVA déduite).
– Immobilisations : la TVA frappe la valeur actuelle de l'immobilisation prélevée, si elle a ouvert droit à déduction.
– Services : la TVA frappe le prix de revient du service, dont les composantes ont fait l'objet d'une TVA récupérée.

Autoconsommation, autofabrication. Dans le cadre de la loi de simplification de la vie des entreprises du 20/12/2014, l'imposition à la TVA d'une livraison à soi-même d'une immobilisation est supprimée. La TVA ne s'appliquera que si l'acquisition de l'immobilisation auprès d'un autre assujetti n'ouvrait pas droit à déduction complète de la TVA.

Les biens d'occasion

Ce sont des biens usagés qui sont des meubles corporels, à l'exclusion des immeubles, dont les ventes sont soumises à un autre régime particulier. Quand la vente est réalisée par un particulier, elle est hors du champ d'application de la TVA, car il s'agit d'un acte de gestion du patrimoine privé.

Les ventes par des utilisateurs sont imposables lorsque le bien a donné droit à déduction totale ou partielle au moment de son acquisition. La TVA porte sur le prix de vente total.

Les ventes par des négociants. Les négociants sont des commerçants assujettis à la TVA ; ils doivent donc la facturer dans tous les cas. La TVA est calculée sur le prix de vente total, ou sur la marge si le bien vendu n'a pas ouvert droit à déduction au profit du négociant au moment de l'achat (achat à un particulier, par exemple).

Les activités bancaires et financières (voir p. 102)

Le régime des petites entreprises industrielles et commerciales

Régime d'imposition des petites entreprises. Le régime des micro-entreprises (ou régime micro) concerne les entreprises dont le chiffre d'affaires annuel ne dépasse pas 82 800 €, ou 33 200 € (voir p. 115). C'est la franchise en base, liée à la faiblesse du chiffre d'affaires et qui vaut exonération. Dans ce cas, en effet, les redevables sont dispensés de la déclaration et du paiement de la TVA.

AUTRES RÉGIMES PARTICULIERS

La TVA immobilière

Nouvelle législation depuis le 11/03/2010

Opérations réalisées dans le cadre d'une activité économique

Sont imposables de plein droit :

- Terrain à bâtir (TAB), que l'acquéreur soit assujetti à la TVA ou non
- Immeuble neuf ou en l'état futur d'achèvement
- Immeuble bâti achevé depuis moins de 5 ans

Sont imposables sur option :

- Terrain
- Immeuble bâti achevé depuis plus de 5 ans
- Bail à construction

Les livraisons à soi-même (LASM) d'immeubles neufs invendus dans les 2 ans de leur achèvement sont soumises obligatoirement à la TVA.

Les livraisons d'immeubles par un vendeur non assujetti sont hors champ d'application de la TVA, sauf si l'immeuble a été acquis comme immeuble à construire, auquel cas la TVA s'applique obligatoirement.

Opérations réalisées en dehors d'une activité économique

Il s'agit d'opérations hors champ d'application de la TVA.

Toutefois, est soumise à la TVA sur le prix total, la vente d'un immeuble achevé depuis moins de 5 ans que le cédant (vendeur non assujetti par principe) avait acquis en tant qu'immeuble à construire.

Les opérations immobilières sont soumises aux droits d'enregistrement même si elles supportent la TVA.

La TVA agricole

Il existe deux catégories d'exploitants : les plus importants sont soumis à la TVA agricole (à titre obligatoire ou sur option), les autres ne sont pas soumis à la TVA.

– *Les exploitants imposables à titre obligatoire.* Deux critères sont retenus par la loi : la nature des activités et l'importance des recettes. Les exploitants agricoles sont obligatoirement imposables si leurs activités sont « par leur nature ou leur importance, assimilables à celles exercées par des industriels ou des commerçants ». Ils sont obligatoirement imposables si les recettes annuelles moyennes calculées sur deux années consécutives dépassent 46 000 € (exemple : recettes N = 49 000 € ; recettes N+1 = 44 000 € ; moyenne = 46 500 € ; il y a imposition de plein droit à compter du 1/1/N+2).

– *Les exploitants imposables sur option.* L'option peut être globale (toutes les opérations) ou restreinte (opérations autres que ventes d'animaux de boucherie). L'option initiale porte sur trois ans ; elle est renouvelable ensuite par tacite reconduction tous les cinq ans.

– *Particularismes de la TVA agricole :* exigibilité liée aux encaissements, déclaration annuelle, régime favorable de franchise réservé aux petits exploitants, etc.

– *Les exploitants non soumis à la TVA.* Ils sont privés du droit de déduire la TVA sur leurs achats. À titre de compensation, ils bénéficient d'un régime de remboursement forfaitaire calculé sur les ventes que l'exploitant réalise avec des entreprises redevables de la TVA (ventes à un négociant) ou à l'exportation. Le montant de ces ventes est multiplié par un taux fixé par la loi, dépendant des produits vendus et qui est de 3 % en moyenne.

Les DOM-TOM

Dans les DOM-TOM, le taux normal est de 8,5 % et le taux réduit de 2,1 % (cf. p.123).

TVA et commerce extérieur

Depuis le 1er janvier 1993, coexistent trois régimes de TVA en France : le régime intérieur, le régime des exportations-importations, le régime intracommunautaire.

Le régime des exportations-importations pour les marchandises

Le régime des exportations. Les exportations de marchandises vers les pays hors de l'Union européenne (UE) sont exonérées de la TVA (dédouanement) sous réserve de remplir certaines formalités, notamment une déclaration auprès du bureau des douanes. Pour bénéficier d'une exonération de TVA, l'entreprise exportatrice doit détenir un numéro EORI (identifiant dans les relations avec les autorités douanières), mentionner l'opération commerciale dans sa comptabilité et effectuer, pour chaque envoi, une déclaration visée par le bureau des douanes.

Le régime des importations. En règle générale, les importations de biens sont imposables à la TVA lors du dédouanement. Toutefois, les entreprises peuvent demander l'option de l'autoliquidation de la TVA due à l'importation. Cette option permet aux entreprises de porter le montant de la taxe sur leur déclaration périodique de chiffre d'affaires (CA3). Cette simplification dérogatoire évite le décaissement de la TVA. Pour bénéficier de l'autoliquidation de la TVA, les entreprises doivent effectuer au moins quatre importations dans l'UE au cours des douze derniers mois.

Le régime intracommunautaire pour les marchandises

Depuis le 1/1/1993, les frontières fiscales et douanières sont supprimées à l'intérieur de l'Union européenne, et les marchandises circulent librement d'un État membre à un autre, avec en contrepartie un renforcement des formalités.

L'imposition des assujettis. Ceux-ci sont essentiellement les entreprises. Les livraisons, comme les exportations, sont exonérées, tandis que les acquisitions, comme les importations, sont imposées. Actuellement, la TVA est due dans le pays de destination, où se fait la consommation (voir p. 99). Si les transports extracommunautaires liés aux exportations de marchandises sont exonérés, il n'en est pas de même pour les transports intracommunautaires (voir p. 119).

L'imposition des particuliers. Ceux-ci acquittent la TVA dans le pays de leurs achats (pays de départ), en profitant éventuellement d'une TVA locale moins élevée. Il existe cependant deux limitations, fort compréhensibles, à ce régime général : les ventes à distance et les moyens de transport neufs (voir p. 119).

L'imposition des personnes bénéficiaires du régime dérogatoire (PBRD). Les PBRD rassemblent les personnes morales non assujetties (administrations publiques, par exemple), les assujettis qui ne réalisent que des opérations n'ouvrant pas droit à déduction, les exploitants agricoles placés sous le régime du remboursement forfaitaire. Elles bénéficient d'un régime dérogatoire ayant pour objet, dans la limite d'un montant annuel de leurs acquisitions intracommunautaires, de taxer ces acquisitions dans le pays de départ.

PRÉCISIONS CONCERNANT LE RÉGIME INTRACOMMUNAUTAIRE

La TVA intracommunautaire concerne les vingt-sept États membres de l'Union européenne (liste dans le tableau p. 106).

L'imposition des assujettis

– *Le numéro individuel d'identification* sert à identifier les assujettis et comporte treize caractères pour les entreprises françaises :

FR	39	743456789
code pays	clé informatique	numéro Siren

Les numéros d'identification du vendeur et de l'acheteur doivent apparaître sur la facture ; les assujettis sont des personnes identifiées, à la différence des particuliers, qui sont des personnes non identifiées.

– *La déclaration de TVA.* Pour les entreprises relevant du régime réel normal, l'imprimé CA-3 permet d'inscrire distinctement les livraisons et les acquisitions intracommunautaires. Pour les entreprises imposables selon le régime du réel simplifié, les montants sont déclarés sur l'imprimé CA-12 en une seule fois.

– *La déclaration d'échanges de biens (DEB)* doit être souscrite mensuellement auprès du service des douanes. Elle détaille, par nature de flux, l'ensemble des mouvements de biens échangés entre États membres de l'Union européenne. Elle est à usage statistique (suivi du commerce extérieur) et fiscal (contrôle de la TVA intracommunautaire)..

– *La déclaration européenne de services (DES)* concerne les prestations de services dont le siège de leur activité est situé en France. La DES est souscrite par voie électronique au cours du mois duquel est intervenue l'exigibilité de la Taxe.

– *Transports intracommunautaires de marchandises et services accessoires.* À la différence des transports liés aux exportations extracommunautaires, qui sont exonérés automatiquement, les transports intracommunautaires obéissent à des règles compliquées : si le client est identifié dans un État membre différent de celui du départ du transport, la TVA est due dans le pays d'identification du client ; si le client est identifié dans le même État membre que celui du départ du transport, ou s'il n'est pas identifié, la TVA est due dans le pays de départ du transport. Il est à noter que les services accessoires liés à un transport intracommunautaire sont purement et simplement exonérés.

L'imposition des particuliers

– *Les ventes à distance* concernent les ventes de biens par un acquéreur établi dans un autre État membre que celui du vendeur. Dans le régime des ventes à distance, la TVA est toujours due par le vendeur. Mais, selon que le chiffre d'affaires relatif à ces ventes dépasse ou non un certain seuil fixé par pays (en France, 100 000 €), la taxe est due par le vendeur, soit dans le pays d'arrivée pour les ventes réalisées au-dessus de ce seuil, soit dans le pays de départ si les ventes n'atteignent pas ce seuil.

– *Les moyens de transports neufs.* Les ventes de moyens de transport neufs sont toujours imposées dans le pays d'arrivée pour éviter les distorsions entre les taux de TVA. Un véhicule acheté en Allemagne par un Français est soumis à la TVA française (pays d'arrivée) et non à la TVA allemande ; l'immatriculation est ensuite demandée à la préfecture. Un véhicule est considéré comme neuf s'il a été livré depuis moins de six mois ou s'il a parcouru moins de 6 000 kilomètres.

Détermination des revenus distribués par les sociétés

Dans les sociétés relevant de l'IS, il y a double imposition des bénéfices réalisés puis des bénéfices distribués ; c'est ce régime des bénéfices distribués qui est présenté.

Définition des revenus distribués

Les distributions sont tous les bénéfices non mis en réserve ou incorporés au capital. Les distributions sont également les sommes mises à la disposition des associés, actionnaires ou porteurs de parts, et non prélevées sur les bénéfices.

Distributions officielles sous forme de dividendes

- *Caractéristiques des dividendes.* Ceux-ci représentent la part des bénéfices attribuée aux associés par l'assemblée générale des associés. L'attribution est faite au prorata des droits de chaque associé. La distribution des dividendes est périodique.
- *Cas de distribution de dividendes.* Ce sont d'abord les distributions de bénéfices faites généralement en espèces, exceptionnellement en nature (remise d'actions nouvelles dans les sociétés par actions). Les distributions de réserves sont assimilées à des distributions de bénéfices. Certaines opérations sont constitutives d'une distribution de dividendes : amortissement du capital (remboursement du capital par prélèvement sur les bénéfices ou les réserves), distribution du boni de liquidation ; en revanche, la réduction de capital pour couvrir des pertes ou par voie de remboursement d'apports (à condition, dans ce dernier cas, que tous les bénéfices et les réserves aient été préalablement répartis), le rachat par la société de ses propres actions ne constituent pas une distribution de dividendes.

Sommes considérées comme des revenus distribués : distributions officieuses

- *Les distributions camouflées* sont des charges supportées par la société mais non déductibles fiscalement du résultat imposable et qui doivent être réintégrées dans les résultats. Il faut que ces charges aient engendré une sortie d'argent et qu'elles aient profité à une personne extérieure à la société. En pratique, les cas d'application sont les suivants : réintégration de charges non déductibles par détermination de la loi (dépenses de caractère somptuaire, rémunérations irrégulières ou excessives des dirigeants, intérêts excédentaires des comptes courants d'associés), réintégration de charges correspondant à des actes anormaux de gestion (notamment prise en charge par la société de dépenses personnelles des dirigeants).
- *Les distributions présumées.* Selon le CGI, sont considérées comme revenus distribués, sauf preuve contraire, les sommes mises à la disposition des associés, directement ou par personnes ou sociétés interposées, à titre d'avances, de prêts ou d'acomptes.
- *Les distributions occultes.* Il y a distribution occulte si le nom du bénéficiaire n'apparaît pas dans les documents comptables ou n'a pas été communiqué au fisc dans les documents fiscaux. Dans ce cas, il y a réintégration fiscale des distributions occultes dans le résultat imposable.

IMPOSITION DES RÉMUNÉRATIONS VERSÉES AUX DIRIGEANTS

Vous pouvez vous reporter aux pages de renvoi grâce au tableau suivant : il détaille par société et par bénéficiaire les modalités d'imposition des rémunérations.

Société versante et bénéficiaire	Catégorie d'imposition	Page de renvoi
I. Société par actions simplifiée		
Président et autres dirigeants	Traitements et salaires	Page 12
II. Société anonyme	Traitements et salaires	Page 12
Président du conseil d'administration, directeur général, directeur général délégué, membres du directoire (SA avec directoire) Administrateurs et membres du conseil de surveillance : – jetons de présence ordinaires ; – exercice d'une fonction salarié dans l'entreprise ; – missions et mandats spéciaux.	Revenus mobiliers Traitements et salaires Bénéfices non commerciaux	Page 22 Page 12 Page 20
III. SARL		
SARL soumise à l'impôt sur les sociétés : – gérant minoritaire ; – gérant majoritaire ; – gérant non associé ; – membre du conseil de surveillance.	Traitements et salaires Article 62 du CGI Traitements et salaires Bénéfices non commerciaux	Page 12 Page 59 Page 12 Page 20
SARL ayant opté pour le régime des sociétés de personnes : – gérant associé ; – gérant non associé.	Imposition selon activité de la société Traitements et salaires	 Page 12
IV. Société de personnes		
Société de personnes relevant de l'impôt sur le revenu : – associés ; – gérants non associé.	Imposition selon activité de la société Traitements et salaires	 Page 12
Société de personnes ayant opté pour l'impôt sur les sociétés : – gérant associé ; – gérant non associé.	Article 62 du CGI Traitements et salaires	Page 59 Page 12

Spécificités fiscales des DOM

De nombreuses spécificités fiscales s'appliquent dans les départements d'outre-mer (Guadeloupe et Martinique, incluant les îles de Saint-Barthélemy et de Saint-Martin, Réunion, Mayotte et Guyane).

Impôt sur le revenu

- *Détermination des revenus imposables.* Cette détermination suit les mêmes règles que celles en vigueur en métropole.
- *Calcul de l'impôt sur le revenu.* L'impôt brut est déterminé avec le même barème qu'en métropole. Toutefois, il fait l'objet d'une réduction de 40 % plafonnée à 4 050 € pour la Guyane, et d'une réduction de 30 %, plafonnée à 2 450 € pour les autres départements. Cette réduction s'applique également aux plus-values professionnelles. Elle concerne seulement les contribuables ayant leur lieu d'imposition dans les DOM au 31 décembre de l'année d'imposition.

Impôt sur les sociétés

- Les exploitations situées dans les DOM bénéficient de certains avantages : le taux du crédit d'impôt recherche est fixé à 50 % pour les dépenses de recherche et à 40 % pour les dépenses d'innovation des PME ; le CICE est maintenu à Mayotte à un taux fixé à 9 %.
- *Zones franches d'activité.* Les PME qui disposent d'implantations situées en Guadeloupe, en Guyane, à Mayotte, en Martinique ou à La Réunion peuvent bénéficier d'un abattement sur le bénéfice imposable. Cet abattement est applicable aux entreprises relevant de l'impôt sur le revenu selon un régime réel ou micro ou soumises à l'IS, qui emploient moins de 250 salariés et réalisent un chiffre d'affaires annuel inférieur à 50 M€. Pour les exercices ouverts à compter du 1/1/2019 : les entreprises en difficulté peuvent en bénéficier ; le taux normal de l'abattement est fixé à 50 % et un taux majoré de 80 % est prévu pour les bénéfices provenant d'exploitations soit situées en Guyane ou à Mayotte soit dont l'activité relève de certains secteurs prioritaires.
Le montant du bénéfice exonéré est plafonné à 150 000 € dans le régime de droit commun et à 300 000 € lorsqu'il ouvre droit à l'abattement majoré.
- *Calcul de l'impôt sur les sociétés.* Un abattement de 35 % est calculé sur les résultats des exercices provenant d'exploitations situées dans les DOM et ayant une activité éligible à l'aide fiscale pour investissements outre-mer (industrie, tourisme, hôtellerie, pêche, etc.).

Impôts directs locaux

- *Taxe d'habitation.* Les logements qui sont occupés à titre d'habitation principale par leurs propriétaires sont exonérés de la taxe lorsque leur valeur locative n'atteint pas 40 % de la valeur locative moyenne des locaux d'habitation de la commune. Des abattements spécifiques sont également applicables ainsi que des montants spécifiques de revenus pour l'octroi d'allègement de taxe.
- *Taxe foncière.* Une mesure d'exonération, calculée dans les mêmes conditions que pour la taxe d'habitation, est applicable. Des montants spécifiques de revenus sont utilisés pour l'octroi d'allègement de taxe.

TVA ET DROITS D'ENREGISTREMENT DANS LES DOM

TVA

– *Lieu d'application.* La TVA n'est provisoirement pas applicable en Guyane. Elle s'applique dans les autres DOM. Des mesures spécifiques en matière de taux et d'exonération s'y appliquent.

– *Territorialité.* Les DOM sont considérés comme des territoires d'exportation vis-à-vis de la métropole. La Guadeloupe et la Martinique sont considérées comme un marché unique. Au contraire, les opérations entre la Guyane et la Réunion sont considérées comme des exportations, ainsi que les échanges entre ces deux DOM avec la Guadeloupe et la Martinique. Les entreprises bénéficiant du régime fiscal de longue durée bénéficient d'une exonération de TVA, avec certaines limites.

– *Taux et assiette.* Le taux normal de TVA dans les DOM est de 8,5 % et de 2,1 % pour le taux réduit. Ces taux s'appliquent à des bases d'imposition hors TVA et octroi de mer (taxe perçue uniquement dans les DOM). Une exonération spéciale de TVA s'applique notamment pour les transports maritimes de personnes dans les eaux territoriales des DOM, l'importation de produits pétroliers, l'importation de matières premières.

– *Déductions.* Les produits importés ou les produits de fabrication locale similaire exonérés (listés précédemment) ouvrent droit à déduction comme si la TVA avait été effectivement payée. Cependant, la déduction de la TVA calculée fictivement sur les matières premières exonérées n'est pas admise lorsque ces matières sont utilisées pour les besoins d'une activité exonérée. Le remboursement des crédits de TVA suit une procédure spéciale pour les ventes de certains produits exonérés et les exportations de marchandises taxables.

TVA NPR

La TVA dite « non perçue récupérable » (NPR), applicable dans les DOM, concerne les livraisons et importations de biens d'investissements neufs exonérés de la TVA lorsque la destination est un assujetti qui réalise des activités ouvrant droit à déduction.

À compter du 1/1/2019, ce dispositif est supprimé pour les livraisons et importations de biens.

Octroi de mer

L'origine de l'octroi de mer remonte au XVIIe siècle. Il relève, depuis la loi du 4/8/84, des conseils régionaux. L'octroi de mer est un régime fiscal interne applicable à l'ensemble des produits commercialisés dans les DOM. Il frappe l'introduction physique de marchandises ainsi que les livraisons effectuées par des personnes qui accomplissent une activité de production locale. Les conseils régionaux ont la faculté d'exonérer de l'octroi de mer certaines productions locales, selon les besoins économiques. Ils peuvent également exonérer de l'octroi de mer l'introduction de certaines matières premières et de certains biens d'équipement afin de ne pas handicaper la production locale.

Le régime a été modifié en 2004, avec un encadrement des exonérations pouvant être accordées par les conseils régionaux, la loi du 2 juillet 2004 relative à l'octroi de mer a été modifiée par la loi du 29 juin 2015.

Droits d'enregistrement

Les DOM bénéficient de plusieurs allègements. Le taux de la taxe de publicité foncière ou du droit d'enregistrement est réduit à 0,715 %. Toutefois, le prélèvement de 2,14 % pour frais d'assiette et de recouvrement s'applique. En outre, depuis le 1/1/06, l'État perçoit une taxe de 0,1 %.

En Guyane, les droits d'enregistrement et de taxe de publicité foncière sont réduits de moitié. Les ventes d'immeubles qui sont soumises aux droits de 5,09 % (voir p. 51) ne bénéficient pas de ce taux préférentiel.

Le régime des sociétés mères et filiales

Ce régime concerne les groupes de sociétés. C'est un régime spécial, ancien (il date de 1920), dont l'objectif est d'exonérer d'IS les dividendes versés par les filiales.

L'objectif : éviter une double imposition

La filiale voit ses bénéfices imposés à l'IS (première imposition) ; elle distribue des dividendes, dont une partie revient à la société mère. Ces dividendes reçus entrent dans la base imposable de la société mère (seconde imposition). Le régime des sociétés mères et filiales a été créé pour supprimer cette double imposition.

Les conditions d'exonération des dividendes

- Les sociétés doivent être soumises à l'IS au taux normal. Le régime s'applique donc aux sociétés imposables en France. L'exonération s'applique aux dividendes versés par les filiales françaises et étrangères d'une société mère française.

- Les titres de participation doivent représenter au moins 5 % du capital de la filiale quel que soit, en principe, leur prix de revient.

- L'exonération concerne les dividendes et le boni de liquidation. Toutefois, une quote-part pour frais et charges, fixée à 5 % des dividendes, doit être réintégrée. À compter du 1er janvier 2016, le taux de la quote-part est de 1 % pour les dividendes versés entre des sociétés appartenant à un même groupe d'intégration fiscale. Ce taux s'applique aussi aux dividendes versés par des filiales étrangères implantées dans un état de l'UE, en Islande et en Norvège.

La mise en œuvre du régime des sociétés mères et filiales

- *Les dividendes provenant des filiales françaises* sont exonérés d'IS et les avoirs fiscaux dont ils sont assortis ne sont pas imputables sur l'IS ; cependant, ils pourront être imputés sur le précompte exigible, dans le cas où la société mère redistribue, dans les cinq ans, les dividendes reçus des filiales.

- *Les dividendes provenant des filiales étrangères* sont exonérés d'IS. En général, ces dividendes sont frappés d'une retenue à la source dans l'État de la filiale. Dans le cas où existe une convention de double imposition entre la France et cet État, la retenue à la source ouvre droit à un crédit d'impôt d'égal montant qui s'impute sur le précompte exigible en cas de redistribution des dividendes par la société mère.

L'exonération de la retenue à la source dans le cadre européen

Les dividendes distribués par une société française à une personne domiciliée hors de France sont soumis à une retenue à la source de 15 % (ou inférieure à 15 % s'il y a une convention internationale). La législation française prévoit l'exonération de cette retenue à la source concernant les dividendes distribués par une société de capitaux imposable en France à une société mère ayant son siège dans un autre État de l'Union européenne.

EXEMPLES

Dividendes provenant de filiales françaises

Une filiale française fait un bénéfice avant IS de 540 000 €. La société mère détient 60 % de son capital et décide de redistribuer à ses propres actionnaires la totalité des dividendes provenant de sa filiale française. On suppose, pour simplifier, que la filiale distribue tout le bénéfice disponible après IS.

– *Dividendes reçus de la filiale française.* L'IS frappant le bénéfice de la filiale est de : (540 000 × 28 %) = 151 200 €. Le résultat disponible pour la distribution s'élève à 540 000 – 151 200 = 388 800 €. La société mère reçoit la part correspondant à sa participation dans le capital de la filiale : 388 800 × 60 % = 233 280 €.

• Application du régime de droit commun. Le résultat imposable de la société mère comprend les dividendes reçus. L'IS correspondant sera au taux de 28 %.

• Application du régime des sociétés mères et filiales. Les dividendes reçus sont exonérés, à l'exception d'une quote-part de 5 %, soit 233 280 × 5 % = 11 664 €, qui demeure dans le résultat imposable.

Dividendes provenant de filiales étrangères et redistribués

Une filiale étrangère distribue 90 000 € de dividendes à la société mère française. On suppose que les dividendes versés par la filiale étrangère supportent une retenue à la source de 15 % dans l'État du siège de la filiale.

– *Dividendes reçus de la filiale étrangère.* Les dividendes supportent une retenue à la source de : 90 000 × 15 % = 13 500 €, et la société mère reçoit : 90 000 – 13 500 = 76 500 €, assortis d'un crédit d'impôt égal à la retenue à la source.

• Application du régime de droit commun. Le résultat imposable de la société mère comprend les dividendes reçus plus le crédit d'impôt : 90 000 €. L'IS correspondant sera au taux de 28 %. Mais le crédit d'impôt est déductible de l'IS, d'où une diminution de l'IS.

• Application du régime des sociétés mères et filiales. Il est préférable puisque les dividendes reçus sont exonérés d'IS.

Le régime de l'intégration fiscale (1)

Dans le régime de l'intégration fiscale, on impose le résultat d'ensemble du groupe et la société mère est la seule à payer l'impôt global.

Objectifs

Le régime de l'intégration fiscale a pour buts d'assurer la compensation des bénéfices et pertes réalisés par les différentes sociétés du groupe et de neutraliser les opérations internes au groupe.

Les conditions d'application du régime

- Le périmètre d'intégration comprend les sociétés intégrées fiscalement.
- La société mère doit être française et soumise à l'IS. Elle ne doit pas être détenue directement ou indirectement (sauf en cas de détention par une société étrangère), à 95 % au moins, par une autre société française soumise à l'IS.
- Les filiales et sous-filiales à intégrer doivent être françaises, soumises à l'IS, et leur capital doit être possédé par la société mère à 95 % au moins, directement ou indirectement. La détention indirecte doit être réalisée par l'intermédiaire de sociétés du groupe. Autrement dit, une sous-filiale ne peut être intégrée que si les sociétés qui possèdent au total 95 % ou plus de son capital sont elles-mêmes intégrées.
- La société mère choisit les sociétés qu'elle désire inclure dans le périmètre d'intégration, avec leur accord ; elle peut, à tout moment, intégrer une société nouvelle ou mettre fin à l'intégration d'une filiale.

Calcul et imposition du résultat d'ensemble

- Dans un premier temps, chacune des sociétés du groupe établit, dans les conditions de droit commun, sa propre déclaration de résultat, ce qui permettra le contrôle de l'Administration. Chaque société est solidairement responsable du paiement des impôts dus par la société mère (seule redevable des impôts sur les résultats du groupe) à concurrence de la fraction qui lui incombe.
- Dans un deuxième temps, la société mère calcule le résultat d'ensemble du groupe, en faisant la somme algébrique des résultats déterminés dans le premier temps et en retraitant cette somme pour éliminer les doubles impositions, les doubles déductions concernant les opérations internes.
- Dans un troisième temps, le résultat d'ensemble est imposé ; s'il s'agit d'un bénéfice, c'est la société mère qui paie l'impôt. La loi permet aux filiales de transmettre les avoirs fiscaux et crédits d'impôt à la société mère. Si le résultat est une perte, le déficit est reportable sur les résultats des cinq exercices suivants (sauf option pour le report en arrière).
- *Les plus-values à long terme.* Les plus-values (ou moins-values) internes sont neutralisées ; cela signifie que les cessions d'immobilisations entre sociétés du groupe ne sont pas imposées. Les PV (ou MV) externes sont soumises au régime de droit commun : chaque société du groupe calcule ses PV et MV. Puis la société mère détermine une PV (ou MV) d'ensemble en ajoutant les PV et MV des sociétés du groupe.

DÉTERMINATION DU PÉRIMÈTRE D'INTÉGRATION

Les règles de calcul des participations

M —— 95 % ——→ F1 —— 95 % ——→ SF1

La société F1 est intégrée puisque M possède directement 95 % de son capital ; bien que : 95 % × 95 % = 90,25 %, la société SF1 est intégrée également, car F1 étant elle-même intégrée, on ne retient que la participation entre F1 et SF1, soit 95 %. Ainsi, en cas de détention indirecte de droits par l'intermédiaire d'une ou plusieurs sociétés, le pourcentage de détention est calculé en multipliant les différents taux de détention, une détention de 95 % étant assimilée à une détention à 100 %.

Exemples

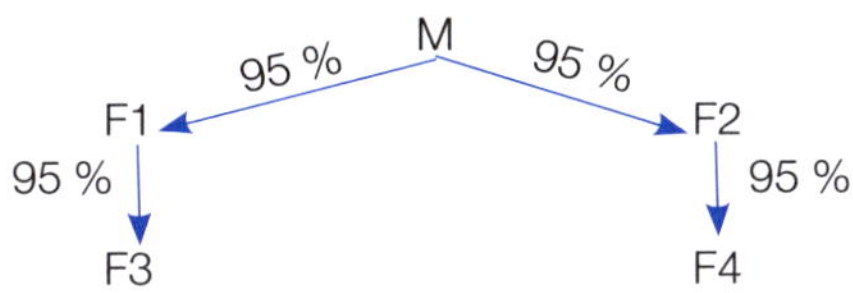

Cas n° 1

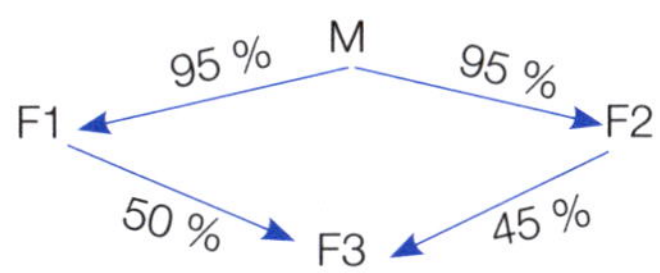

Cas n° 2

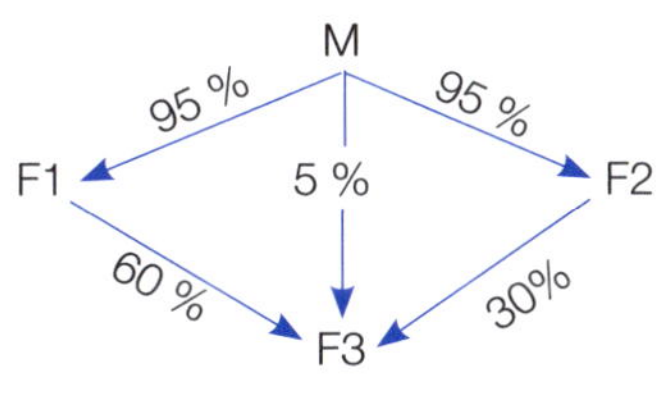

Cas n° 3

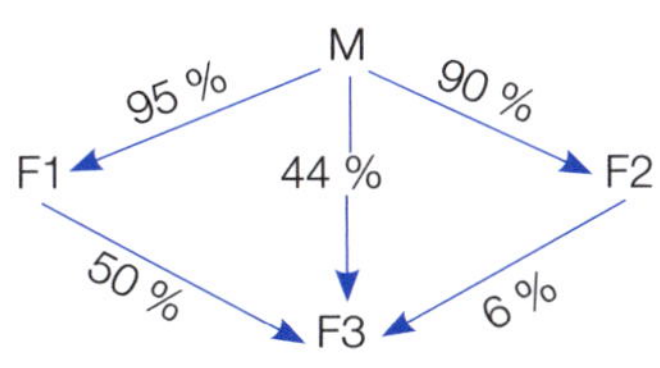

Cas n° 4

Commentaires : dans les cas n°s 1, 2 et 3, l'ensemble des filiales peut être retenu dans un groupe constitué par la société mère M.

Dans le cas n° 4, les filiales F2 et F3 ne peuvent pas être membres du groupe, le pourcentage de détention directe de M dans F2 étant inférieur à 95 %.

Le régime de l'intégration fiscale (2)

Deux questions peuvent être posées : qu'en est-il des distributions de bénéfices effectuées par les sociétés intégrées ? Que se passe-t-il en cas de sortie du groupe ?

Les distributions de bénéfices effectuées par les filiales

Le capital des filiales est détenu par la société mère à 95 % au moins.

– *Les distributions internes.* Les dividendes distribués entre sociétés du groupe et qui n'ont pas ouvert droit au régime des sociétés mères et filiales sont déduits du résultat d'ensemble pour éviter les risques de double imposition. Cette déduction s'applique que les dividendes bénéficiaient du régime mère fille ou qu'ils soient imposés au taux de droit commun. Si les dividendes distribués par la filiale proviennent de bénéfices réalisés avant l'entrée dans le groupe, ces distributions n'engendrent pas le paiement d'un impôt de distribution, comme dans le droit commun. À compter du 1/01/2016, les dividendes sont soumis à la taxation d'une quote-part de 1%.

– *Les distributions hors groupe.* Que les bénéfices distribués aient supporté ou non l'IS, il n'y a plus d'impôt de distribution applicable (comme pour les distributions internes).

Les distributions de bénéfices effectuées par la société mère

Il n'y a plus d'impôt sur la distribution pour les distributions versées depuis le 1er janvier 2006.

– *Les conséquences de la sortie d'une filiale.* Les résultats de la sortie d'une filiale cessent d'être pris en compte au titre de l'exercice de sortie, cette sortie étant supposée intervenir au premier jour de l'exercice au cours duquel l'événement est survenu. La sortie entraîne la réintégration dans le résultat d'ensemble de l'exercice de sortie des éléments suivants : 1) plus- et moins-values de cessions internes au groupe antérieurement neutralisés ; 2) subventions et abandons de créances déduits au cours des cinq exercices précédents ; 3) quote-part de dividendes neutralisée lors de l'exercice d'entrée dans le groupe de la filiale.

La sortie du groupe intégré

Une société filiale peut sortir du groupe lorsque la société mère désire l'exclure du périmètre d'intégration, ou lorsque la participation dans son capital devient inférieure à 95 %, ou lorsque la filiale n'est plus soumise à l'IS. Le groupe est dissout lorsqu'il y a sortie de la société mère, dans les cas suivants : non-renouvellement de l'option pour le régime de l'intégration, sortie de toutes les filiales, société mère absorbée par une autre société, ou détenue à 95 % au moins par une société soumise à l'IS, ou cessant d'être passible de l'IS.

COMPLÉMENTS

Abandons de créances et subventions

Entre sociétés d'un même groupe existe une obligation de solidarité financière. La société mère peut aider une filiale en difficulté en recourant à divers procédés : avances sans intérêts, abandons de créances, subventions. Si les avances sans intérêts n'ont pas d'impact sur le résultat de la société mère, les deux autres procédés engendrent des pertes déductibles du résultat imposable et ont, de ce fait, la préférence de la société mère, puisqu'il y a réduction de son IS. C'est, au fond, un moyen, pour la société mère, d'imputer les déficits de la filiale sur ses propres bénéfices. Il faut distinguer selon que des relations commerciales existent entre la société mère et la filiale (la filiale vend des produits fabriqués par la société mère, par exemple) ou que seuls des liens financiers les unissent.

– Abandons de créances et subventions décidés pour des raisons commerciales

Le fournisseur a intérêt à venir en aide au client qui commercialise ses produits, et le régime fiscal appliqué à ce type d'opérations est libéral :

• pour le fournisseur, l'abandon de créance et la subvention représentent des pertes déductibles du résultat imposable ;

• pour le client, bénéficiaire de l'aide, apparaît un profit imposable (généralement compensé par des déficits antérieurs).

– Abandons de créances et subventions décidés pour des raisons financières

Le régime fiscal est moins libéral et plus complexe : si la situation nette de la filiale demeure négative à la suite de l'aide, la perte est déductible pour la société mère et le profit imposable pour la filiale ; la perte est non déductible et le profit non imposable dans la mesure où la situation nette devient positive.

Exemple. Une société mère possède 95 % du capital d'une filiale dont la situation nette est de – 80 000 ; la société mère consent à sa filiale un abandon de créance de 150 000. Le passif du bilan de la filiale est présenté ci-dessous, avant et après abandon de créance. L'abandon de créance est déductible du résultat imposable de la mère pour le montant de 83 500 €, représentant la situation nette négative avant abandon, plus la part de la situation nette positive après abandon revenant aux minoritaires : 80 000 + 70 000 × 5 % = 83 500 €. Le reste : 150 000 – 83 500 = 66 500 €, est considéré comme un supplément d'apport, puisqu'il représente la valeur réelle des titres détenus par la société mère après abandon de créance : 70 000 × 95 % = 66 500 € (avant abandon, les titres ne valaient rien).

La filiale bénéficiaire, en contrepartie, ne constate un profit imposable que si l'aide constitue une charge déductible pour la société mère, c'est-à-dire à hauteur de sa situation nette négative.

Passif du bilan de la filiale	Avant abandon de créance	Après abandon de créance
Capital	100 000	100 000
Pertes accumulées	– 180 000	– 30 000
Situation nette	– 80 000	70 000
Dette vis-à-vis de la société mère	150 000	0
Autres dettes	230 000	230 000
Total	300 000	300 000

La contribution économique territoriale (CET)

Depuis le 1er janvier 2010, la CET a remplacé la taxe professionnelle. Cette taxe fait partie des impôts locaux. Les règles de calcul sont fixées par l'État mais ce sont les collectivités locales qui fixent les taux d'imposition et qui encaissent les recettes. La CET est composée de la cotisation foncière des entreprises (CFE) et de la cotisation sur la valeur ajoutée des entreprises (CVAE). La CFE est perçue au profit des communes et la CVAE au profit des communes, départements et régions.

Domaine d'application de la CFE

Personnes et activités imposables

– L'activité est exercée à titre habituel, régulièrement, ce qui élimine les opérations faites isolément.
– L'activité doit être professionnelle, ce qui signifie que la simple gestion du patrimoine privé est hors du domaine d'application de cette taxe.
– La taxe est due par la personne physique ou morale qui exerce l'activité, qu'il s'agisse d'un commerçant, d'un industriel, d'un professionnel libéral, d'une association à but lucratif, d'un établissement public à caractère industriel et commercial. La taxe n'est pas due par les salariés.

Exonérations

Les exonérations de taxe professionnelle sont transposées à la CFE.
– Exonérations permanentes. Les plus importantes concernent les agriculteurs et certaines coopératives agricoles, les petits artisans qui n'emploient aucun salarié et qui travaillent avec des membres de leur famille et des apprentis, les établissements d'enseignement privé conventionnés avec l'État, les entreprises de presse, les sportifs professionnels, les auteurs et compositeurs, les collectivités publiques pour leurs activités de caractère culturel, éducatif, social, sportif, touristique.
– Exonérations temporaires. Les collectivités locales (conseil municipal, général ou régional) déterminent la durée de l'exonération pour les entreprises nouvelles, les jeunes entreprises innovantes et certaines zones franches. Les micro-entrepreneurs et les jeunes avocats sont exonérés de plein droit pendant deux ans.

Base d'imposition de la CFE

La base d'imposition à la CFE est représentée uniquement par la valeur locative des biens passibles d'une taxe foncière, situés en France, et à disposition de l'entreprise pour les besoins de son exploitation pendant la période de référence. Les éléments pris en compte sont toujours ceux de l'année N-2 ou ceux de l'exercice clos au cours de cette année N-2 si l'exercice ne coïncide pas avec l'année civile.

La valeur locative cadastrale servant de base d'imposition au calcul de la CFE est déterminée par l'administration fiscale. Toutefois, celle-ci peut être réduite pour certains biens ou certaines activités (bâtiments industriels, installations destinées à la lutte contre la pollution et matériels destinés à économiser l'énergie ou à réduire le bruit, artisans ayant de 1 à 3 salariés…). Dans ce cas, la valeur locative des biens est réduite de 30 %. Base d'imposition = valeur locative des biens passibles d'une taxe foncière × 70 %.

Pour les titulaires de revenus non commerciaux et assimilés employant moins de 5 salariés et non soumis à l'IS, la détermination de l'assiette est identique à celle des autres redevables de la CFE.

CALCUL ET PAIEMENT

Calcul de la CFE

Le montant de la CFE est obtenu en multipliant la base d'imposition avec le taux fixé par chaque commune (ou EPCI à fiscalité propre). Le résultat de la CFE revient aux communes. L'État perçoit 3 % du montant de la CFE pour frais de gestion.

Exemple : la valeur locative des immobilisations servant de base aux taxes foncières d'une entreprise est de 200 000 € et le taux communal de 31,25 %. La CFE due est de (200 000 x 31,25 %) x 1,03 = 64 375 €.

Cotisation minimale

Une cotisation minimale est établie à partir d'une base fixée par le conseil municipal. Cette base doit être comprise entre 216 € et 6 678 €, fourchette qui varie en fonction du CA HT.

Paiement de la CFE

La CFE est due pour l'année entière par le redevable qui exerce l'activité au 1er janvier. Les redevables souscrivent une déclaration auprès du Service des impôts des entreprises (SIE) ou de la Direction des grandes entreprises (DGE) au plus tard le deuxième jour ouvré suivant le 1er mai N-1 (déclaration établie sur les éléments de l'année N-2). La CFE fait l'objet d'un acompte au 15 juin N de 50 % de la contribution due au titre de N-1 et d'un solde au 15 décembre N. L'acompte est dû par les redevables dont la cotisation est au moins égale à 3 000 €.

Sur demande du redevable, la CFE peut être acquittée par prélèvements mensuels.

Cotisation CFE = base d'imposition x taux d'imposition voté par les communes x frais de gestion (3 %)

Rappel :
base d'imposition = valeur locative des biens soumis à la taxe foncière.
L'entreprise tient compte des biens dont elle est propiétaire et de ceux qu'elle loue (location simple et crédit bail).

Shéma pour le paiement de la CFE :

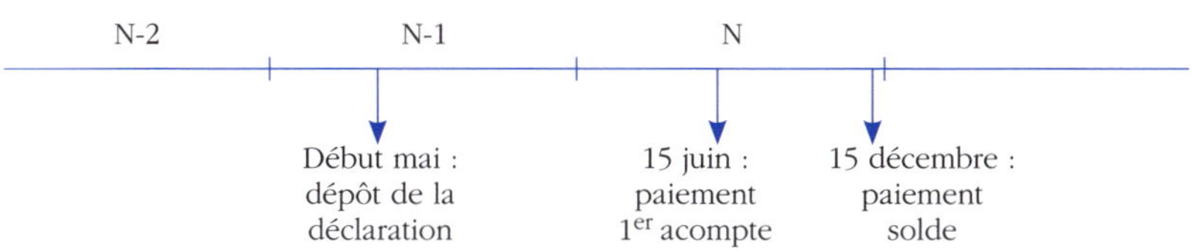

La CET : (2) la contribution économique territoriale

Comme indiqué à la page 130, la CET est aussi composée de la CVAE (cotisation sur la valeur ajoutée des entreprises).

Base d'imposition de la CVAE

La CVAE est déterminée en fonction du chiffre d'affaires réalisé et de la valeur ajoutée produite au cours de l'année civile au titre de laquelle l'imposition est établie (taxe 2018 = CVAE de 2018) ou de l'exercice clos cette année-là lorsqu'il ne coïncide pas avec l'année civile.

Pour les titulaires de BNC, le chiffre d'affaires retenu est le montant hors taxes des honoraires ou des recettes encaissés. Pour les bénéficiaires de revenus de location ou de sous-location d'immeubles nus à usage professionnel (revenus fonciers), le chiffre d'affaires correspond aux recettes brutes.

Toutefois, la valeur ajoutée ne peut pas excéder un pourcentage du chiffre d'affaires égal à 80 % pour les entreprises qui ont réalisé un chiffre d'affaires inférieur ou égal à 7 600 000 € et 85 % pour les autres.

Calcul de la CVAE

Le montant de la CVAE est égal à 1,5 % de la valeur ajoutée. Le taux d'imposition est fixé par l'État. Cette cotisation doit normalement se répartir à raison de :
- 26,5 % pour les communes ou EPCI ;
- 48,5 % pour les départements ;
- 25,0 % pour les régions.

L'entreprise, à sa demande, peut bénéficier d'un dégrèvement lors de la liquidation de la cotisation égal à la différence entre le montant de la CVAE et l'application à la valeur ajoutée d'un taux déterminé par le barème ci-dessous.

Montant du CA	Taux pour le dégrèvement
Inférieur à 500 000 €	0 %
Compris entre 500 000 € et 3 000 000 €	0,5 % x (CA – 500 000)/ 2 500 0001
Compris entre 3 000 000 € et 10 000 000 €	0,5 % + [0,9 % x (CA – 3 000 000)/ 7 000 000] [1]
Compris entre 10 000 000 € et 50 000 000 €	1, 4 % + [0,1 % x (CA – 10 000 000)/ 40 000 000] [1]
Supérieur à 50 000 000 €	1,5 %

Le taux obtenu doit être arrondi au centième le plus proche.

Un deuxième dégrèvement de 1 000 € est accordé aux entreprises dont le CA est inférieur à 2 000 000 €.
Le montant de la CVAE après dégrèvement, pour les entreprises ayant un CA supérieur à 500 000 €, ne peut être inférieur à 250 €.

Cotisation CVAE = 1,5 % × valeur ajoutée – dégrèvement

APPLICATION ET EXEMPLES

Domaine d'application de la CVAE

Les personnes physiques et morales qui exercent une activité soumise à la CFE et qui réalisent un chiffre d'affaires supérieur à 152 500 € doivent acquitter la CVAE.

Les titulaires de bénéfices non commerciaux (BNC), les agents d'affaires, les établissements fiduciaires employant moins de cinq salariés pour l'accomplissement de leurs missions et non soumis à l'impôt sur les sociétés ne sont pas imposables à la CVAE (sous réserve de nouveaux textes).

Les activités exonérées de la CFE (liste du CGI) le sont aussi de la CVAE.

Exemple 1

Une entreprise réalise un chiffre d'affaires de 450 000 € et une valeur ajoutée de 320 000 €.

CVAE = 1,5 % × 320 000 = 4 800 €

Calcul du taux de dégrèvement :

CA < 500 000 €, le taux est de 0 %.

Dégrèvement = (1,5 % × 320 000) – (320 000 × 0 %) = 4 800 €

CVAE après dégrèvement : 4 800 € – 4 800 € = 0 €

Le dégrèvement permet d'annuler le montant de la CVAE ; le CA étant inférieur à 500 000 €, la cotisation minimale de 250 € ne s'applique pas.

Exemple 2

Une entreprise réalise un chiffre d'affaires de 1 850 000 € et une valeur ajoutée de 1 610 000 €.

Limite de la valeur ajoutée : 80 % × 1 850 000 = 1 480 000 €

CVAE = 1,5 % × 1 480 000 = 22 200 €

Calcul du taux de dégrèvement :

CA compris entre 500 000 € et 3 000 000 €, le taux est de : 0,5 % × (1 850 000 – 500 000)/ 2 500 000 = 0,27 %

Dégrèvement = (1,5 % × 1 480 000) – (1 480 000 × 0,27 %) = 18 204 €

Le CA étant inférieur à 2 000 000 €, un deuxième dégrèvement de 1 000 € est appliqué, soit 18 204 + 1 000 = 19 204 €.

CVAE après dégrèvement : 22 200 € – 19 204 € = 2 996 €.

Paiement de la CVAE

Deux acomptes sont à verser par les entreprises dont la CVAE N-1 excède 3 000 € :

1er acompte le 15/06/N = 50 % × CVAE

2e acompte le 15/09/N = 50 % × CVAE

Une déclaration est déposée en N+1 au plus tard le 2e jour ouvré suivant le 1er mai N+1 avec le versement du solde.

Les entreprises qui réalisent un CA supérieur à 500 000 € doivent la souscrire par voie électronique.

Plafonnement de la CET

La CET, obtenue par l'addition des deux cotisations, peut être plafonnée à 3 % de la valeur ajoutée. Cette demande est déposée au lieu de l'établissement principal au plus tard le 31 décembre de l'année suivant celle de la mise en recouvrement.

Ce dégrèvement s'impute sur la CET avant les taxes additionnelles (taxe pour les chambres de commerce, par exemple).

Ce dégrèvement ne doit pas ramener la CET à un montant inférieur à la CFE.

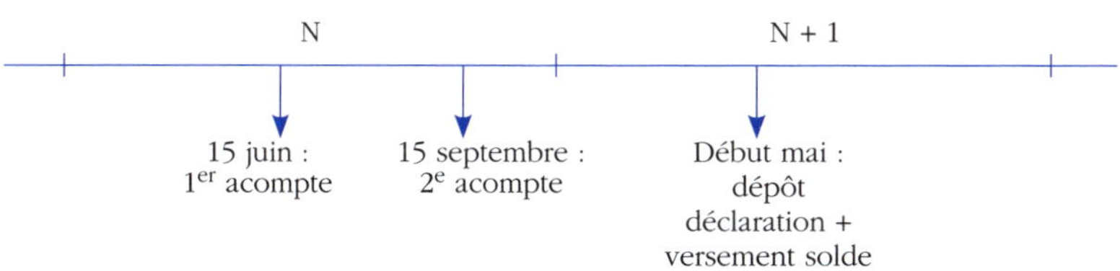

Imposition des salaires et des véhicules

D'autres taxes frappent les moyens de production de l'entreprise. Les unes sont assises sur les salaires. Les autres dépendent de la possession de véhicules.

Les impositions frappant les salaires

- *La taxe sur les salaires* est payée par un faible nombre d'entreprises, car toutes celles qui sont soumises à la TVA en sont dispensées. L'assiette de la taxe est alignée sur celle des cotisations sociales. Les taux sont progressifs et applicables sur la rémunération individuelle annuelle 2019 comme suit : taux normal de 4,25 %, taux majorés de 4,25 % à 8,50 % pour la fraction des rémunérations individuelles annuelles comprises entre 8 004 € et 15 981 € et à 13,6 % pour la fraction supérieure à 15 981 €. La taxe est versée spontanément au percepteur dans les 15 jours du mois suivant le versement du salaire, avec régularisation en fin d'année. Les entreprises doivent fournir au service des impôts, avant le 1er février une déclaration annuelle des données sociales avec les montants brut et net des rémunérations individuelles versées ainsi que les montants des avantages en nature et des indemnités pour frais professionnels.
- *La taxe d'apprentissage* est due par les entreprises industrielles, commerciales ou artisanales ainsi que par toutes les sociétés soumises à l'IS. Cette taxe est due même si l'entreprise est soumise à la TVA et est exonérée de la taxe sur les salaires. Les petites entreprises occupant des apprentis sont exonérées. Les entreprises se libèrent de la taxe d'apprentissage soit en la versant au Trésor, soit en organisant des cours d'apprentissage, soit en subventionnant des établissements d'enseignement technique. La taxe est calculée annuellement sur la même base que celle définie pour la taxe sur les salaires. Son taux est de 0,5 %. S'ajoute une contribution au développement de l'apprentissage au taux de 0,18 % de la masse salariale.
- *La participation à la formation professionnelle continue :* voir p. 135.
- *La participation à l'effort de construction :* voir p. 135.

L'imposition de véhicules de société

- *La taxe sur les véhicules des sociétés* est due par toutes les sociétés. Elle frappe les véhicules particuliers utilisés en France appartenant à la société ou loués au moins 30 jours consécutifs. Y échappent les véhicules utilitaires. Pour les véhicules utilisés avant le 1/1/06, le tarif annuel varie de 750 € à 4 500 € selon la puissance fiscale.
- *Pour les véhicules mis en circulation depuis le 1/06/2004*, le montant de la taxe est égal à la somme de deux composantes dont le tarif est déterminé comme suit :

– première composante : barème applicable (par gramme de dioxyde de carbone) en fonction du taux d'émission de CO2 : de 2 € (moins de 100 g/km) à 29 € (plus de 250 g/km) ;

– deuxième composante relative aux émissions de polluants atmosphériques. Pour les véhicules mis en circulation de 2001 à 2014 : 45 € pour une essence, de 100 à 400 € pour un diesel. À compter de 2015 : 20 € pour une essence ou 40 € pour un diesel. Les salariés qui bénéficient du remboursement d'indemnités kilométriques pour leurs véhicules sont également soumis à la taxe.

COMPLÉMENTS

La participation à la formation professionnelle continue

Base de calcul : montant total des rémunérations imposables

Taux : effectif moyen de l'entreprise

– jusqu'à 11 salariés : 0,55 %

– à partir de 11 salariés : 1 % (1,30 % pour les entreprises de travail temporaire).

Salariés exclus : les apprentis, les contrats de professionnalisation, les contrats initiative-emploi, les contrats d'avenir et les contrats d'insertion revenu minimum d'activité.

Pas de déclaration pour les professions non salariées ou libérales, les employeurs de concierges, d'assistantes maternelles ou employés de maison.

Dépôt de leur participation avant le 1er mars de l'année suivant le versement des salaires auprès d'un OCPA.

La participation à l'effort de construction

Les employeurs (sauf les agriculteurs) qui occupent au moins 20 salariés doivent investir chaque année dans la construction de logements 0,45 % du montant des salaires bruts. Les employeurs peuvent s'acquitter de leur obligation en accordant des prêts ou des subventions à des organismes agréés (offices d'HLM, etc.) ou en accordant des prêts à leurs salariés. La durée totale de l'investissement doit atteindre vingt ans. Depuis la loi MOLLE du 25 mars 2009, les investissements réalisés au titre de la participation à l'effort de construction doivent être effectués sous la forme d'un versement à un organisme collecteur agréé, dans des conditions fixées par décret.

Exemple de calcul de la taxe sur les salaires

Les entreprises ne doivent supporter la taxe sur les salaires que proportionnellement à la part des recettes qui échappent à la TVA. Les recettes qui échappent à la TVA sont constituées par les recettes hors du champ de la TVA et par les recettes dans le champ de la TVA mais exonérées. Dans la pratique, on détermine un taux global de déduction de TVA (T), qui est le rapport entre les recettes soumises à la TVA, d'une part, et les recettes totales, d'autre part. On calcule alors le contre-taux, qui est la différence 1 – T et qui donne le pourcentage des recettes totales concerné par la taxe sur les salaires.

Ainsi, pour une entreprise déterminée, le total des recettes s'élève à 40 K€, se décomposant comme suit :

– *Détermination du taux global de déduction de TVA (T) :*

Recettes hors du champ de la TVA ..		10
Recettes dans le champ de la TVA ...		30
. recettes taxées	22	
. recettes exonérées	8	
Recettes totales		40

– *Calcul du contre-taux (1 – T) :* 1 – T = 1 – 55 % = 45 %.

T = recettes taxées/recettes totales
= 22/40 = 55 %

Cela signifie que l'entreprise est redevable de la taxe sur les salaires à hauteur de 45 % du montant total des salaires versés.

La constitution d'une entreprise

Lors de la création d'une entreprise, on peut choisir entre forme individuelle et forme sociétaire et, si cette dernière est retenue, entre société de personnes et société de capitaux.

Choix entre forme individuelle et forme sociétaire

Forme individuelle. La plupart des petites entreprises ont une forme individuelle. La création d'une entreprise individuelle a les conséquences fiscales suivantes :
- les résultats sont imposables à l'impôt sur le revenu (IR) dans la catégorie correspondant à l'activité de l'entreprise. En particulier, pour les BIC, en cas d'application du régime micro, on pourra opter pour un régime réel d'imposition ;
- les cessions des biens inscrits à l'actif du bilan entraînent l'application du régime des plus-values professionnelles et non celui des plus-values des particuliers. Il est important de noter l'exonération des plus-values professionnelles, dans certaines conditions, pour les petites entreprises (voir BIC, p. 32) ;
- la cession d'un fonds de commerce est soumise à des droits d'enregistrement élevés, avec un barème progressif ;
- l'adhésion à un centre de gestion agréé permet d'éviter la majoration du résultat de 25 % (voir p. 40).

La *forme sociétaire* est plus avantageuse sur les points suivants :
- dans l'entreprise sociétaire, il y a séparation du patrimoine personnel et du patrimoine professionnel (mais la banque ne prête généralement de l'argent à la société qu'avec une caution personnelle fournie par l'associé principal) ;
- la forme sociétaire facilite la couverture des besoins de financement grâce à l'émission de parts ou d'actions ;
- l'arrêt d'activité du dirigeant n'entraîne pas nécessairement la dissolution de la société ; il peut y avoir cession des parts si la situation le permet.

Choix entre société de personnes et société de capitaux

Les sociétés de personnes (notamment les sociétés en nom collectif). Les associés sont imposables sur leur part de résultat, avant toute distribution (ce qui est un avantage en cas de déficit de la société, leur part de déficit étant déductible de leurs autres revenus). La cession des parts est soumise à un droit d'enregistrement de 5 %. Les plus-values de cession des parts sont soumises au régime des plus-values professionnelles si l'associé exerçait son activité professionnelle dans la société (sinon, le régime des plus-values des particuliers est appliqué).

Les sociétés de capitaux (SA, SARL, SAS). Les associés sont responsables dans la limite de leurs apports et la cession des parts est facilitée. Les sociétés de capitaux sont soumises à l'IS (sauf les SARL familiales, qui peuvent opter pour le régime des sociétés de personnes). En cas de distribution de dividendes, l'associé bénéficie d'abattements et d'un crédit d'impôt selon qu'il est une personne physique ou morale (voir p. 23). Les grandes entreprises adoptent la forme de SA.

COMPLÉMENTS

Le régime du micro-entrepreneur

Ce régime s'adresse aux personnes physiques qui souhaitent exercer une activité indépendante sous forme d'entreprise individuelle et qui relèvent du régime fiscal du micro-BIC ou micro BNC. Il s'accompagne d'un régime fiscal et social allégé. Il est également compatible avec une activité principale.

Le chiffre d'affaires réalisé au titre de cette activité ne doit pas dépasser certains plafonds annuels réévalués chaque année :

– 170 000 € pour les ventes de biens et prestations d'hébergement ;

– 70 000 € pour les autres entreprises.

Le micro-entrepreneur doit exercer son activité en micro social simplifié.

Certaines activités sont exclues de ce statut :

– celles relevant de la TVA agricole et de la TVA immobilière ;

– la location de matériels et biens de consommation durable ;

– les vendeurs à domicile indépendants et artistes-auteurs *via* la Maison des Artistes ;

– les activités relevant de la Mutuelle sociale agricole (MSA).

Le micro-entrepreneur se déclare auprès du centre de formalités des entreprises (CFE) ou il peut se déclarer en ligne sur le site : www.lautoentrepreneur.fr

Les charges sociales et fiscales sont payées par un prélèvement libératoire mensuellement ou trimestriellement calculé sur le chiffre d'affaires. Le montant des charges fiscales et sociales est calculé selon un forfait de :

– 12,8 % pour les ventes de biens et prestations d'hébergement ;

– 22 % pour les autres entreprises.

Le micro-entrepreneur est soumis au régime de la micro-entreprise au titre de l'impôt sur le revenu. Il ne facture pas de TVA.

Les obligations comptables sont allégées. Un livre-journal détaillant les recettes doit être tenu et, pour les seules activités de vente ou de fourniture de logement, un registre récapitulatif par année présente le détail de ses achats. L'ensemble des factures et pièces justificatives relatives aux achats, ventes et prestations de services doit être conservé.

Enfin, la mention « TVA non applicable, article 293 B du CGI » doit être portée sur les factures.

Les nouveaux micro-entrepreneurs sont imposés à la CFE.

Entrepreneur individuel à responsabilité limitée (EIRL)

Le statut d'EIRL est ouvert à tous les entrepreneurs individuels (commerçants, artisans, exploitants agricoles et professions libérales) ainsi qu'aux micro-entrepreneurs et agents commerciaux. Ce statut a pour objectif de protéger une partie du patrimoine de l'entrepreneur grâce à l'affectation de certains de ses biens à son activité professionnelle sur simple déclaration.

Depuis le 30/07/2011, les EIRL sont traitées au plan fiscal comme toutes les entreprises individuelles. L'assimilation à une EURL ou une EARL résulte de l'exercice d'une option, valant option pour l'IS.

Dans ce cas, le bénéfice réalisé par l'EIRL qui a opté pour l'IS est imposé au taux réduit d'IS (IS-PME) de 15 % jusqu'à 38 120 € et 28 % jusqu'à 500 000 €, puis 31 % au-delà.

L'entrepreneur individuel qui exerce son activité dans le cadre d'une EIRL est assujetti à la CFE et à la CVAE dans les conditions de droit commun.

Coût fiscal de la constitution d'une société

La constitution d'une société entraîne le versement de droits d'apports qui diffèrent selon que les apports sont purs et simples ou à titre onéreux.

Distinction entre les différents types d'apports

- *Apports purs et simples*. Les apports sont dits purs et simples s'ils sont rémunérés par des titres qui représentent une fraction du capital de la société.

- *Apports à titre onéreux*. Les apports sont dits à titre onéreux s'ils sont rémunérés par une contrepartie qui est un équivalent ferme et actuel : remise d'espèces ou d'obligations, engagement par la société qui reçoit les apports de prendre en charge des dettes incombant à l'apporteur.

- *Apports mixtes*. Les apports sont mixtes s'ils sont à titre pur et simple pour une partie et à titre onéreux pour le reste.

La taxation des apports purs et simples

- Les apports d'immeubles et de droits immobiliers ou de fonds de commerce, clientèles, droit au bail, promesse de bail par une personne physique ou une personne morale passible de l'IR à une société passible de l'IS sont assimilés à une mutation à titre onéreux et sont soumis aux droits de mutation (proportionnels de 5 % pour les immeubles et droits immobiliers, progressifs par tranches pour les fonds de commerce, clientèles, etc., voir tableau ci-contre). Toutefois, ces apports sont enregistrés gratuitement si l'apporteur s'engage à conserver pendant trois ans les titres remis en contrepartie de l'apport.

- Les apports en société, lors d'une augmentation de capital, sont enregistrés gratuitement sauf en cas d'apport de certains biens à une société passible de l'impôt sur les sociétés par une personne non soumise à cet impôt (même droits de mutation que pour les apports en immeubles). Toutefois, ces apports sont enregistrés gratuitement si l'apporteur prend l'engagement de conserver les titres remis en contrepartie de son apport pendant trois ans.

La taxation des apports à titre onéreux

L'apport à titre onéreux s'analyse en une véritable vente consentie par l'apporteur à la société. Il est soumis à un régime fiscal de mutation à titre onéreux d'après la nature des biens qui en font l'objet. Peu importe le régime fiscal de l'apporteur et de la société bénéficiaire de l'apport (IR ou IS). Pour les apports à titre onéreux d'immeubles et de droits immobiliers, le droit d'apport est de 5 %. Les apports à titre onéreux de fonds de commerce, clientèle, droit au bail, promesse de bail d'une valeur supérieure à 23 000 €, sont taxés au taux de 5 % (0 % de 0 € à 23 000 €). Pour les autres biens, le tableau p. 139 indique le régime applicable aux apports à titre onéreux de meubles (créances, rentes…), de brevets et de droits sociaux (parts sociales, actions).

DROITS D'APPORT POUR LA CONSTITUTION D'UNE SOCIÉTÉ

Régime fiscal...		Apports purs et simples			Apports à titre onéreux	Apports d'une activité individuelle
... de l'apporteur		IR		IS	IR ou IS	IR
... de la société bénéficiaire de l'apport		IR	IS	IR ou IS	IR ou IS	IR ou IS
APPORTS	Numéraire	Exo			Sans objet	
	Immeubles et droits immobiliers	Exo	dm (1) ou Exo (2)	Exo (4)	dm (1)	Apports purs et simples : dm (1) ou DM (3) ou Exo (2) Prise en charge du passif : dm (1) ou DM (3) ou Exo (2) (5)
	Fonds de commerce, clientèle, droit au bail, promesse de bail	Exo	DM (3) ou Exo (2)	Exo (4)	DM (3)	
	Autres biens	Exo			(6)	
	Apports passibles de TVA	Exo			Sans objet	Sans objet

Dans le tableau, Exo signifie Enregistrement Gratis.

(1) dm = droits de mutation proportionnels applicables aux immeubles et aux droits immobiliers : 5 %.

(2) Exonération lorsque l'apporteur a pris l'engagement de conserver, pendant trois ans, les titres remis en contrepartie des apports. En cas de non-respect de l'engagement, le droit de 5 % est immédiatement exigible (sans application de l'abattement de 23 000 € le cas échéant).

(3) DM = droits de mutation progressifs par tranches sur les fonds de commerce, clientèles, droit au bail, promesse de bail, comme suit :

de 23 000 € à 200 000 € : 3 %
plus de 200 000 € : 5 %.

(4) En cas d'apport, par une société passible de l'IS à une société passible de l'IS, de biens ayant bénéficié du droit fixe lors d'un précédent apport, le droit fixe est applicable dans les conditions prévues au (2).

(5) Lorsque sont constatés dans un même acte des apports purs et simples auxquels est applicable le droit fixe et une prise en charge du passif qui donne également ouverture au droit fixe, un seul droit est perçu.

(6) Les apports à titre onéreux de biens meubles (créances, rentes...) dont la transmission de gré à gré n'est pas soumise à un droit proportionnel ou progressif donnent lieu au paiement du droit fixe de 125 € prévu pour les actes innommés. Les apports à titre onéreux de brevets et droits de la possession industrielle sont soumis au même droit fixe de 125 €. Les apports à titre onéreux de droits sociaux sont taxés comme les cessions (voir p. 141) :

- parts sociales : 3 %
- actions : 0,1 %.

Modification du capital

Le capital d'une entreprise n'est pas intangible : il peut être augmenté ou diminué durant l'exercice de la société. Ces modifications engendrent le paiement de droits d'enregistrement et peuvent avoir des effets en matière d'imposition des revenus.

L'augmentation de capital

L'augmentation de capital par apports nouveaux. Les apports supplémentaires faits au cours de l'existence de la société sont taxés de la même manière que les apports initiaux faits à la constitution de la société : le régime général est l'application du droit fixe de 375 € ou 500 €, mais il faut faire attention aux apports d'immeubles et de droits immobiliers faits par une personne physique à une personne morale relevant de l'IS. En effet, il faut que ceux-ci soient apportés avec les autres éléments d'actif et soient affectés à l'activité professionnelle et que les titres remis en contrepartie soient conservés pendant trois ans par l'apporteur ; sinon, c'est le droit de mutation (voir p. 138) calculé sur la valeur globale de l'apport, comprenant l'augmentation de capital et la prime d'apport. Ultérieurement, si la prime est incorporée au capital, il n'y aura pas de nouvelle imposition.

L'augmentation de capital par incorporation de réserves. L'augmentation de capital par incorporation de réserves, de bénéfices ou de provisions n'est plus passible d'un droit fixe de 375 € ou 500 €. La distribution gratuite d'actions ou de parts sociales, qui résulte de cette augmentation de capital, n'est pas considérée comme une distribution de bénéfices, et elle échappe à l'IR.

La réduction de capital

La réduction de capital pour compenser des pertes. Sur le plan comptable, lorsque des pertes se sont accumulées dans les capitaux propres du bilan, on peut les faire disparaître en réduisant le capital ; pour cette opération, seul est appliqué le droit fixe de 125 €. Sur le plan fiscal, ces pertes éliminées du bilan sont reportables sur les bénéfices des exercices futurs dans le délai de cinq ans, étant entendu que les pertes comptables ne se confondent pas nécessairement avec le déficit fiscal reportable.

La réduction de capital par répartition d'une fraction des biens sociaux aux associés. L'opération constitue un partage partiel de société. Il faut distinguer le partage des sociétés non soumises à l'IS et celui des sociétés soumises à l'IS.

– Sociétés non soumises à l'IS. En cas de reprise des apports non fongibles par l'apporteur lui-même, c'est le droit fixe de 125 € qui s'applique ; si la reprise des apports non fongibles est effectuée par un associé autre que l'apporteur, le droit de mutation est exigible sur la valeur totale des biens attribués, le tarif correspondant à la nature de ces biens. En cas de partage des acquêts sociaux et des apports fongibles, le droit de 1 % s'applique sur le montant de l'actif net partagé, soultes déduites ; sur les soultes, les droits de mutation sont dus au taux prévu pour les biens compris dans le lot grevé de la soulte.

– Sociétés soumises à l'IS. Le droit de partage de 1 % s'applique sur l'actif net partagé, soultes déduites ; sur les soultes, voir ci-dessus (acquêts sociaux).

LES CESSIONS DE DROITS SOCIAUX

Les droits d'enregistrement concernant les ventes d'immeubles et de fonds de commerce

– Pour les ventes d'immeubles, le tarif de droit commun est le droit départemental de 3,8 % maximum auquel s'ajoute une taxe communale de 1,2 % . Les droits d'enregistrement ou la taxe de publicité foncière sur les ventes d'immeubles sont perçus au profit des départements, sauf lorsqu'ils sont dus sur les actes de société, auquel cas ils sont versés à l'État. Sur les droits et taxes transférés par l'État aux départements, l'État perçoit un prélèvement de 2,37 % de leur montant pour frais d'assiette (voir p. 51).

– Pour les ventes de fonds de commerce, les droits sont fonction du prix de vente. Cependant, l'Administration peut prendre en compte la valeur vénale si elle considère qu'elle est supérieure au prix de la vente.

Fraction du prix	Taxe d'État	Taxe départementale	Taxe communale	Taxe totale
N'excédant pas 23 000 €	0 %	0 %	0 %	0 %
Entre 23 000 € et 200 000 €	2 %	0,60 %	0,40 %	3 %
Supérieure à 200 000 €	2,60%	1,40 %	1 %	5 %

Les cessions de parts sociales (autres que les actions)

Les parts sociales concernées sont toutes les parts sociales autres que les actions : parts de SARL, d'EURL, sociétés en nom collectif, sociétés civiles, etc. Leurs cessions sont soumises obligatoirement à la formalité de l'enregistrement et elles sont passibles d'un droit de 3 % minoré d'un abattement égal pour chaque part sociale au rapport entre 23 000 € et le nombre total de parts sociales de la société. Il s'agit d'une taxe d'État, car il n'y a pas de taxe additionnelle locale. Ce droit est dû même si la cession n'est pas constatée dans un acte, que la société relève de l'IR ou de l'IS.

Les cessions d'actions

Les cessions d'actions (cotées ou non cotées) enregistrées depuis le 1/08/2012 sont soumises à la taxation unique au taux de 0,1 %.

En ce qui concerne les cessions de participation dans des personnes morales à prépondérance immobilière, le droit d'enregistrement est de 5 %.

Les régimes particuliers

– *Cessions de parts sociales représentatives d'un apport en nature réalisé depuis moins de trois ans.* Elles sont présumées porter en réalité sur le bien apporté et sont soumises au droit de mutation correspondant. Cependant, cette disposition ne s'applique pas si l'apport immobilier a été soumis à la TVA ou si la société créée est passible de l'IS (car l'apporteur doit conserver les titres pendant cinq ans pour bénéficier du droit fixe).

La cessation d'activité de l'entreprise

La cessation d'activité de l'entreprise est l'arrêt effectif de l'activité de l'entreprise, mais ce peut être également la modification de son régime fiscal.

Cas de cessation d'activité

■ *Entreprises individuelles.* La cessation d'activité intervient, notamment, lorsqu'il y a arrêt total ou partiel de l'activité, vente de l'entreprise individuelle, mise en société de l'entreprise individuelle (un régime favorable est alors applicable), décès de l'exploitant.

■ *Sociétés.* La cessation d'activité apparaît en cas d'arrêt total ou partiel d'activité, de dissolution de la société, de changement de l'objet social ou de l'activité réelle et de changement du régime fiscal de la société (passage d'une société de personnes non soumise à l'IS à une société soumise à l'IS, et inversement).

Les effets en matière d'impôts directs

■ *L'imposition immédiate des bénéfices non encore taxés.* Les bénéfices réalisés entre la fin de la dernière période d'imposition et la date de cessation d'activité sont imposables immédiatement. S'y ajoutent les bénéfices en sursis d'imposition comme, par exemple, les provisions dotées précédemment et devenant sans objet.

■ *Le régime d'imposition des plus-values.* Les plus-values (et moins-values) constatées sont soumises aux règles générales, applicables avec certaines particularités.
– Plus-values nettes à court terme (CT) : les entreprises relevant de l'IR ne peuvent pas bénéficier de l'étalement sur trois ans de l'imposition des plus-values à court terme.
– Moins-values nettes à long terme (LT) : elles peuvent être déduites du bénéfice de l'exercice de la cessation pour une fraction de leur montant (taux applicable aux plus-values à LT/taux normal de l'IS).
– Entreprises relevant de l'IR dont le chiffre d'affaires n'excède pas le double des limites du régime micro : elles peuvent bénéficier de l'exonération des plus-values prévue en faveur des petites entreprises (voir p. 32) ; en cas de cessation d'activité, il faut que les recettes de l'année de cessation et celles de l'année précédente ne dépassent pas le double des limites du régime micro.

■ *Le non-report des déficits.* En cas de cessation d'activité d'une société, le déficit ne peut pas être reporté. Pour une entreprise individuelle, les déficits antérieurs à sa cession ne peuvent pas être imputés sur les bénéfices après la cession chez le cessionnaire ; mais ils peuvent être reportés, dans la limite de cinq ans après la cession, sur les revenus de l'ancien exploitant.

■ *La dissolution des sociétés.* Dans les sociétés non imposables à l'IS, les impositions portent sur les bénéfices non encore taxés et sur les plus-values, au prorata des droits des associés. Dans les sociétés soumises à l'IS s'appliquent les règles générales de cessation d'entreprise ; s'il y a un boni de liquidation, ce dernier est considéré comme un revenu distribué qui ouvre droit, sous respect de la condition de taux de détention, au régime mère-fille (voir p. 124).

COMPLÉMENTS

Les droits d'enregistrement

– *Entreprises individuelles*. La vente du fonds de commerce est soumise à un droit de mutation, avec application d'un barème progressif (voir p. 141). La transformation d'une entreprise individuelle en société est passible du droit de mutation, lequel est remplacé par la gratuité de l'enregistrement si l'apporteur conserve les titres reçus de la société pendant trois ans (exonération du droit fixe à la constitution, voir p. 139).

– *Sociétés*. La transformation de la société n'entraîne pas, en principe, sa dissolution. Cependant, la transformation de la société peut entraîner l'application des conséquences de la cessation lorsqu'elle engendre un changement de son régime fiscal. Il en est ainsi dans deux cas : 1) société de personnes transformée en société de capitaux : droit fixe de 230 € (si engagement de conservation des titres pendant trois ans) ; 2) société de capitaux transformée en société de personnes : droit fixe de 125 €.

Exemple de dissolution d'une société passible de l'IS

Une SARL au capital de 20 000 € est dissoute. Après cession des éléments d'actif et règlement des dettes, il apparaît un résultat de liquidation de 24 000 € correspondant au résultat d'exploitation en l'absence de plus-values à long terme. L'impôt sur les sociétés (sans considérer les contributions) s'élève à :

$$24\,000 \times 28\ \% = 6\,720\ €$$

Le résultat net de liquidation, après IS, devient : 24 000 – 6 720 = 17 280 €.

Bilan de liquidation

Liquidités	56 000	Capital	20 000	
		Réserves [1]	12 000	boni
		Résultat net de liquidation	17 280	boni
		Impôt sur les sociétés	6 720	
	56 000		56 000	

1. Constituées depuis plus de cinq ans.

Ce boni de liquidation fera l'objet d'un partage entre associés au prorata des parts qu'ils possèdent. Le boni de liquidation fait l'objet d'une imposition à la CSG et à la CRDS (voir p. 23).

Le régime des fusions

Pour éviter les conséquences fiscales de la rupture créée par la dissolution suivie de l'apport, la loi traite la fusion comme une opération intermédiaire, neutre fiscalement, la société absorbante étant réputée continuer l'activité de la société absorbée.

Les conditions d'application du régime de faveur en matière d'imposition des sociétés

Un régime de faveur a été institué en matière d'IS et de fiscalité relative aux échanges de titres, aux conditions suivantes : société absorbée et société absorbante sont toutes deux imposables à l'IS ; les apports sont rémunérés par des titres de la société absorbante avec, éventuellement, une soulte en argent égale au plus à 10 % de la valeur nominale des titres attribués (si le seuil de 10 % est dépassé, le régime de faveur ne peut pas s'appliquer).

L'impôt sur les sociétés

Voir page ci-contre.

Les autres impositions

- *Les droits d'enregistrement.* Le régime de droit commun s'applique (mêmes droits que pour les apports en société).

- *La TVA.* Pour les biens immobiliers, il est fait abstraction des fusions pour l'application de la TVA si les sociétés sont passibles de l'IS ; par suite, la mutation ultérieure des immeubles sera passible de la TVA. Pour les marchandises neuves, la TVA est perçue en lieu et place des droits d'enregistrement.

- *La CFE et la CVAE.* La CFE : en cas de fusion, le nouvel exploitant devient imposable à la CFE l'année qui suit la fusion. La CVAE : en cas de transmission d'activité dans le cadre d'un apport, d'une cession d'activité, d'une scission d'entreprise ou d'une transmission universelle de patrimoine, le nouvel exploitant devient assujetti à la CVAE au titre de l'année de réalisation de l'opération même s'il n'exerçait pas d'activité au 1er janvier de ladite année.

- *Distribution et échange de titres.* Pour rémunérer les apports de la société absorbée, la société absorbante émet des titres nouveaux qui sont répartis gratuitement entre les associés de la société absorbée. Dans le régime de faveur des fusions, l'attribution gratuite des titres de la société absorbante n'est pas considérée comme une distribution de revenus mobiliers, et le bénéficiaire de la distribution est exonéré de l'IR. Cependant, les plus-values d'échange de titres réalisées par les particuliers bénéficient d'un report d'imposition jusqu'à la date de la cession des titres reçus en échange (pour les entreprises associées d'une société absorbée, le gain d'échange pourra figurer dans le résultat de l'exercice de cession).

LE RÉGIME DES FUSIONS AU REGARD DE L'IMPÔT SUR LES SOCIÉTÉS

Application à la société absorbée (B)

Dans ce régime de faveur, on considère que la société absorbante (A) continue l'activité de la société absorbée (B). Cette dernière n'est, en principe, pas imposée à raison des plus-values de fusion et des provisions qui conservent leur objet mais, pour cela, elle doit satisfaire à des obligations déclaratives.

– *Exonération des plus-values de fusion.* Concernant les plus-values sur les éléments d'actif apportés, l'exonération n'intervient que si A reprend à son bilan les éléments d'actif immobilisé et d'actif circulant de B (voir le point suivant).

– *Résultats et provisions de B.* Il y a imposition immédiate des provisions sans objet et des résultats de B réalisés au cours de l'exercice de la fusion. Les provisions de B qui conservent leur objet doivent alors être reprises au bilan de A.

– *Obligations à la charge de B.* Elle doit souscrire la déclaration de cessation et la déclaration de ses résultats dans les 60 jours de la première publication de la fusion dans un journal d'annonces légales (l'état de suivi des plus-values est à joindre à cette déclaration).

Situation de la société absorbante (A)

Les plus-values réalisées par B lors de l'apport de ses éléments d'actif ne sont exonérées que si A s'engage, dans l'acte de fusion, à reprendre à son bilan des éléments d'actif et de passif de B, à réintégrer les plus-values afférentes aux éléments amortissables apportés, à inscrire à son bilan les éléments d'actif circulant pour leur valeur dans les écritures de B ou, à défaut, à inscrire le profit réalisé dans ses résultats imposables, à calculer les plus-values de cession des immobilisations non amortissables d'après la valeur qu'elles avaient chez B.

– *Inscription au bilan des éléments d'actif immobilisé.* Lorsque l'opération implique des sociétés sous contrôle commun, les apports sont obligatoirement effectués à la valeur comptable, au contraire d'opérations impliquant des sociétés sous contrôle distinct, dont les apports sont nécessairement à la valeur réelle.

– *Inscription au bilan de B des éléments de l'actif circulant*. Pour les opérations effectuées à la valeur comptable, il y a exonération du profit de ces éléments apportés si B les inscrit à son bilan pour leur valeur chez B. Pour les opérations impliquant les sociétés sous contrôle distinct, l'actif circulant est apporté à la valeur réelle, les éventuelles plus-values latentes étant immédiatement imposées.

– *Provisions*. A doit reprendre à son bilan les provisions de B dont l'imposition a été différée lors de la fusion (provisions conservant leur objet).

– *Réintégration des plus-values sur éléments amortissables apportés*. A a dû s'engager à réintégrer ces plus-values qui ont été exonérées chez B. Cette réintégration a pour contrepartie une majoration des bases d'amortissement des biens apportés et A est autorisée à calculer les amortissements et plus-values ultérieurs afférents à ces éléments d'après leur valeur d'apport.

– *Obligations déclaratives*. L'état de suivi des biens amortissables et non amortissables apportés doit être souscrit par B et par A à la clôture de l'exercice au cours duquel intervient l'apport. Il sera souscrit par A lors des exercices suivants, tant que subsistent des éléments auxquels est attaché un report d'imposition. Un registre des plus-values doit être tenu par A pour les biens non amortissables.

– *Sort des déficits*. Sur agrément préalable délivré par le ministre de l'Économie et des Finances, les déficits de B peuvent être transférés à A.

Apports partiels d'actif et scissions de sociétés

L'apport partiel d'actif ne se traduit pas par la disparition de la société apporteuse, contrairement à la fusion et à la scission ; il peut bénéficier du régime de faveur des fusions.

Les apports partiels d'actif

Les conditions d'application du régime de faveur. Les sociétés concernées doivent toutes être imposables à l'IS. Les apports partiels d'actif bénéficient sans agrément du régime de faveur s'ils concernent une branche complète d'activité et si la société apporteuse s'engage, d'une part, à conserver pendant trois ans les titres reçus en contrepartie et, d'autre part, à calculer les plus-values de cession de ces titres à partir de la valeur des apports dans ses écritures ; à défaut, il faut un agrément, qui est de droit si : l'opération est justifiée par un motif économique, l'opération n'a pas comme objectif principal la fraude ou l'évasion fiscales et si les modalités de l'opération permettent l'imposition future des plus-values mises en sursis d'imposition. Le régime de faveur concerne l'IS, les droits d'enregistrement, l'impôt de distribution, et il n'est pas applicable en bloc, mais séparément, à chacun d'eux.

L'impôt sur les sociétés. Les apports partiels d'actif peuvent bénéficier, comme indiqué ci-dessus, du régime des fusions (voir p. 147).

Les droits d'enregistrement. Le régime des fusions s'applique de plein droit lorsque les apports concernent une branche complète d'activité, sans qu'il soit nécessaire de prendre l'engagement de conserver les titres pendant au moins trois ans. Dans ce régime de faveur, l'opération n'est plus passible du droit fixe de 375 € ou 500 €. Dans tous les autres cas, les apports sont soumis aux droits d'enregistrement sur les apports.

L'impôt de distribution. Si les titres reçus par la société apporteuse sont répartis entre les associés, après l'expiration du délai de trois ans de conservation des titres, cette répartition sera traitée comme une distribution de dividendes, assortie de l'avoir fiscal. La distribution peut être exonérée si elle intervient dans le délai d'un an à compter de la réalisation de l'apport mais, sauf agrément spécial évitant de garder les titres pendant trois ans, ce régime d'exonération ne trouve pas à s'appliquer.

Les scissions de sociétés

La scission est l'opération par laquelle une société apporte ses actifs et passifs à plusieurs sociétés nouvelles ou préexistantes. Il y a dissolution de la société scindée et transmission universelle de son patrimoine aux sociétés bénéficiaires. Les scissions et les fusions ont des caractéristiques communes.

Les impositions. En matière d'impôt sur les sociétés, les scissions peuvent bénéficier du régime des fusions dans deux cas : de plein droit, si certaines conditions fixées par la loi sont réunies (voir p. 147) ou, à défaut, si un agrément ministériel a été obtenu. Dans ces deux cas, les opérations bénéficient de l'exonération en matière d'impôt de distribution ; comme pour les fusions, il y a report ou sursis d'imposition des plus-values sur échange de titres.

IMPÔT SUR LES SOCIÉTÉS : APPLICATION DU RÉGIME DES FUSIONS

Apports partiels d'actif

– *Les conditions d'application du régime des fusions.* Le régime fiscal des fusions s'applique de plein droit aux opérations d'apport partiel d'actif réalisées entre sociétés soumises à l'IS si trois conditions sont réunies : 1° l'apport porte sur une branche complète d'activité ou sur des éléments assimilés à une branche complète ; 2° la société apporteuse s'engage dans l'acte d'apport à conserver pendant trois ans les titres remis en contrepartie ; 3° la société apporteuse s'engage dans l'acte d'apport à calculer ultérieurement les plus-values de cession afférentes à ces mêmes titres par référence à la valeur fiscale que les biens apportés avaient dans ses propres écritures.

Lorsque ces conditions ne sont pas réunies, il faut obtenir un agrément du ministre de l'Économie et des Finances pour bénéficier du régime de faveur des fusions.

– *L'application du régime de faveur prévu en cas de fusion.* La société apporteuse est dans une situation semblable à celle de la société absorbée dans le cas de fusion, avec quelques particularités, tandis que la société bénéficiaire des apports, en contrepartie des exonérations dont bénéficie l'apporteuse, est soumise aux mêmes contraintes que la société absorbante dans le régime spécial des fusions (voir p. 145). Ainsi, la société apporteuse bénéficie de l'exonération des plus-values nettes sur les éléments de l'actif immobilisé apporté (biens non amortissables, biens amortissables, stocks s'ils sont inscrits pour leur valeur fiscale au bilan de la société bénéficiaire) ; les provisions dans la société apporteuse ne sont pas soumises à l'IS, sauf si elles sont sans objet ; les résultats de l'exercice en cours dans la société apporteuse, si cette dernière continue d'exister, ne sont imposables qu'à la clôture de l'exercice.

Les contraintes imposées à la société bénéficiaire des apports sont identiques à celles que subit l'absorbante, à savoir : 1° l'obligation de comptabiliser les actifs circulants pour leur valeur comptable telle qu'elle figure dans les livres de la société apporteuse ; 2° l'obligation de reprendre les engagements de la société apporteuse concernant les provisions justifiées régulièrement constituées et les plus-values en sursis d'imposition ; 3° l'interdiction de reprendre, chez la société bénéficiaire des apports, les déficits de la société apporteuse, sauf agrément administratif très exceptionnel.

Scissions de sociétés

– *Les conditions d'application du régime des fusions.* 1° la société scindée comporte au moins deux branches complètes d'activité ; 2° les sociétés bénéficiaires reçoivent chacune au moins une de ces branches ; 3° les associés de la société scindée s'engagent à conserver pendant trois ans les titres représentatifs de l'apport qui leur ont été remis (dispense d'engagement si les porteurs détiennent ensemble moins de 5 % du capital).

– *L'application du régime de faveur prévu en cas de fusion.* La société scindée bénéficie des mêmes exonérations que la société absorbée. Les sociétés bénéficiaires de l'apport sont soumises aux mêmes obligations que la société absorbante. Ainsi, pour la société scindée, il y a exonération des plus-values de scission et des provisions ; la moins-value sur biens amortissables apportés peut être compensée avec ses résultats imposables ; ses déficits ne peuvent être transmis aux sociétés bénéficiaires, sauf agrément.

Moyens du contrôle fiscal

Le contrôle fiscal a pour objet de permettre à l'Administration, en utilisant différents moyens prévus par la loi, de s'assurer que les contribuables se sont acquittés de leurs obligations.

Les demandes de renseignements, d'éclaircissements et de justifications

La demande de renseignements est une demande d'informations concernant le contenu des déclarations souscrites par le contribuable ou des actes qu'il a déposés. L'absence de réponse du contribuable n'est pas directement sanctionnée, mais elle peut conduire l'Administration à poursuivre ses investigations en adressant une demande d'éclaircissements ou de justifications.

La demande d'éclaircissements. Le texte légal ne précise par l'objet de cette demande, qui peut concerner tous les points des déclarations. La demande tend à provoquer les explications du contribuable.

La demande de justifications concerne essentiellement l'IR et ne peut être formulée que sur des points limitativement énumérés par la loi. S'il y a réponse insuffisante, l'Administration envoie une mise en demeure d'avoir à compléter cette réponse dans un délai de 30 jours. S'il y a absence de réponse à une demande d'éclaircissements ou de justifications, ou si la réponse est insuffisante, la procédure de taxation d'office est applicable.

Le droit de communication

C'est le droit reconnu à l'Administration de prendre connaissance et, au besoin, copie de documents limitativement énumérés par la loi, qui sont détenus par des tiers et qui concernent un contribuable.

Le droit à communication s'exerce à l'égard de nombreux organismes : autres administrations et entreprises publiques, entreprises et sociétés industrielles et commerciales (communication des livres comptables obligatoires), banques et établissements de crédit, employeurs (documents concernant les salaires), organismes sociaux, organismes divers. Les livres et documents sur lesquels s'exerce le droit à communication doivent être conservés pendant un délai de six ans à compter de la date de la dernière opération mentionnée.

Le droit de visite et de saisie

Dans des circonstances exceptionnelles (agissements frauduleux), les agents des impôts peuvent être autorisés, sous certaines conditions, à effectuer des visites en tous lieux, mêmes privés, où des documents (se rapportant aux seules infractions aux impôts directs et à la TVA) sont susceptibles d'être détenus.

Chaque visite doit être autorisée par une ordonnance du président du tribunal de grande instance. La visite et la saisie de documents s'effectuent sous le contrôle du juge ; un officier de police judiciaire assiste obligatoirement à ces opérations. À l'issue de la visite, un procès-verbal est dressé ainsi qu'un inventaire des documents saisis, qui doivent être restitués à l'occupant des lieux dans les six mois de la visite, sauf procédure judiciaire.

PÉRIODES CONTRÔLÉES ET PRESCRIPTION

Après avoir exercé son droit de contrôle, l'Administration a la faculté de réparer les omissions ou insuffisances constatées dans l'assiette ou le recouvrement des impôts ; c'est ce que l'on appelle le droit de reprise.

La durée du délai du droit de reprise (délai de prescription)

– *Délai maximal de prescription : dix ans.* En fait, cette prescription de droit commun ne s'applique guère qu'en matière de droits d'enregistrement.

– *Délai usuel de prescription : trois ans.* Pour les autres impôts et taxes, la durée du délai du droit de reprise est généralement de trois ans (impôts directs, taxes sur le chiffre d'affaires, notamment).

– *Application à l'IR, à l'IS et aux taxes assimilées.* En principe, le droit de reprise de l'Administration au regard de l'IR, de l'IS et des taxes assimilées peut s'exercer jusqu'à l'expiration de la troisième année suivant celle au titre de laquelle l'imposition est due. Ainsi, les impositions dues au titre de l'année N peuvent faire l'objet d'une reprise jusqu'au 31/12/N+3 ; au-delà, la remise en cause des impositions est impossible.

– *Application aux taxes sur le chiffre d'affaires.* Le délai est également de trois ans ; le point de départ est l'année de réalisation des opérations.

– *Application aux impôts directs locaux.* Le droit de reprise s'exerce jusqu'à la fin de l'année suivant celle au titre de laquelle l'imposition est due.

– *Application aux droits d'enregistrement et à l'impôt sur la fortune immobilière.* Le droit de reprise est soumis à la prescription de dix ans lorsque l'Administration n'a pas eu connaissance de l'exigibilité des droits par un acte ou une déclaration (par exemple, si la déclaration de succession n'a pas été déposée). Si une déclaration a été souscrite, il est fait application du délai de trois ans.

La prescription

La prescription a pour effet d'éteindre l'obligation du contribuable par le seul écoulement du délai et elle équivaut au paiement de l'impôt lorsqu'elle est acquise. Elle s'applique à la partie de l'impôt encore due. Lorsque le contribuable entend se prévaloir de la prescription, il peut l'invoquer à tout moment de la procédure contentieuse, sauf si les circonstances font présumer qu'il avait antérieurement renoncé à s'en prévaloir.

– *Prorogation de la prescription.* Lorsque la découverte d'agissements frauduleux entraîne le dépôt d'une plainte en vue de l'application de l'une des sanctions pénales prévues par le CGI, le délai est prolongé de deux ans.

– *Interruption de la prescription.* La prescription est interrompue par la notification d'une proposition de redressement (cas le plus fréquent), par la déclaration ou la notification d'un procès-verbal, par tout autre acte interruptif de droit commun (citation en justice, commandement, saisie), par tout acte comportant reconnaissance des redevables de leur dette vis-à-vis du Trésor. L'interruption a pour effet d'annuler la prescription commencée et de faire courir, à compter de l'acte interruptif, une prescription nouvelle de même nature et de même durée.

Le droit à l'erreur

Ce droit à l'erreur, en matière fiscale, vise essentiellement les erreurs commises de bonne foi dans les déclarations, les retards ou omissions n'entrant pas dans son champ d'application. Le contribuable rectifie spontanément sa déclaration et n'encoure que les intérêts de retard. L'administration détecte l'erreur lors d'un contrôle sur pièces et l'intérêt est alors réduit de 30 %.

Techniques de contrôle

Les techniques de contrôle dépendent des conditions d'exercice de l'activité du contribuable. Les principales techniques utilisées sont le contrôle sur pièces, la vérification de comptabilité, la vérification de situation personnelle.

Le contrôle sur pièces

Le contrôle de la déclaration d'ensemble des revenus. Le contrôleur vérifie que les résultats figurant sur les déclarations annexes (revenus fonciers, plus-values immobilières) ont bien été reportés sur la déclaration d'ensemble et note les variations de revenus d'une année sur l'autre. Ensuite, une étude critique des rubriques de chacune des déclarations est effectuée : situation de famille, revenus de valeurs mobilières, traitements et salaires, charges déductibles, revenus fonciers, etc.

Les conséquences du contrôle sur pièces. Lorsqu'il envisage d'effectuer des redressements à l'issue d'un contrôle sur pièces, l'agent des impôts doit adresser au contribuable une notification de redressement motivée en lui demandant de faire parvenir son acceptation ou ses observations dans un délai de 30 jours. La notification de redressement interrompt le cours de la prescription, ouvre un délai de réponse de 30 jours, fixe les limites de l'imposition pouvant être établie à la fin de la procédure et ouvre au profit du contribuable un délai spécial de réclamation (jusqu'au 31 décembre de la troisième année suivant celle de la notification de redressement).

La vérification de comptabilité

Le déroulement de la vérification de comptabilité. La vérification de comptabilité est précédée par l'envoi d'un avis de vérification une quinzaine de jours à l'avance. L'avis doit mentionner que le contribuable peut se faire assister par un conseil de son choix ; il doit préciser les impôts vérifiés et les années soumises à vérification. Avant le début de la vérification, le contribuable reçoit, à peine de nullité, un document intitulé : « Charte des droits et obligations du contribuable vérifié. » Le contrôle a lieu normalement au siège de l'entreprise, en présence du conseil du contribuable si ce dernier le désire, mais, sur autorisation écrite du contribuable, le vérificateur peut emporter les documents dans ses bureaux. La durée de la vérification n'est pas limitée, sauf dans les petites entreprises (chiffre d'affaires annuel hors TVA inférieur à 786 000 €), où la limitation est de trois mois.

Les conséquences de la vérification de comptabilité. Si aucune irrégularité n'a été relevée, le vérificateur adresse au contribuable un avis d'absence de redressement. Mais, dans les cas les plus fréquents, il y a notification d'une proposition de rectification. C'est la même procédure que celle utilisée à la suite d'un contrôle sur pièces. La notification a pour effet d'entraîner l'interruption de la prescription (voir p. 149). Il s'agit d'un avis de redressement contradictoire qui appelle une réponse du contribuable : s'il y a accord, le supplément d'impôt et les pénalités sont mises en recouvrement ; en cas de désaccord, la commission départementale des impôts est saisie par le contribuable ou par l'Administration. Si elle n'est pas saisie, les redressements d'impôt sont mis en recouvrement, mais le contribuable conserve la possibilité d'exercer un recours contentieux.

COMPLÉMENTS

La vérification de comptabilité : l'examen de la comptabilité

– *Les investigations du vérificateur.* Sous réserve du délai maximal de trois mois prévu pour la vérification de comptabilité des petites entreprises, la durée des opérations de contrôle sur place n'est pas limitée, ni l'importance et la nature des investigations du vérificateur. Le vérificateur doit s'assurer que les actes de l'entreprise qui ont pour conséquence de diminuer sa richesse (son actif net) ont été pris dans son intérêt et sont compensés par une contrepartie réelle et suffisante ; sinon, il s'agit d'actes anormaux de gestion (par exemple, avantages particuliers consentis aux dirigeants ou prise en compte de charges leur incombant). Peuvent être seulement rectifiés par l'Administration les manquements qui résultent d'erreurs ou de décisions de gestion irrégulières (voir p. 75).

– *Le rejet de comptabilité.* Lorsque la comptabilité comporte de graves irrégularités comptables ou lorsque le vérificateur a des raisons sérieuses d'en contester la sincérité, il peut la rejeter et procéder à la reconstitution du bénéfice et du chiffre d'affaires déclarés (reconstitution du chiffre d'affaires à partir des achats, à partir des constantes de fabrication, reconstitution du bénéfice fondé sur l'enrichissement inexpliqué des dirigeants).

Depuis le 1er janvier 2014, toute entreprise ayant une comptabilité informatisée et faisant l'objet d'un contrôle fiscal sera tenue de transmettre ses données à l'administration sous forme de fichiers informatiques.

La vérification de situation personnelle

La vérification générale des revenus d'un particulier est appelée « examen contradictoire de l'ensemble de la situation fiscale personnelle » (ESFP). Cet examen a pour but de contrôler la cohérence entre, d'une part, les revenus déclarés et, d'autre part, la situation patrimoniale, la situation de trésorerie et les éléments du train de vie des membres du foyer fiscal.

– *Le déroulement de l'examen contradictoire.* Avant de procéder à l'ESFP, le vérificateur adresse obligatoirement au contribuable un avis d'examen contradictoire avec indication du point de départ de la vérification, de la période vérifiée et de la possibilité de se faire assister d'un conseil de son choix. Sous peine de nullité, la durée de l'ESFP est limitée à un an à compter de la réception de l'avis d'examen contradictoire. Pour estimer les revenus du contribuable, le vérificateur fait un examen critique des crédits des comptes financiers (bancaires, postaux) et établit une balance des espèces. Le contribuable doit communiquer les relevés des comptes financiers de son foyer fiscal : tous les mouvements bancaires sont examinés soigneusement. Pour analyser l'importance des opérations réalisées en espèces, la balance des espèces compare les encaissements en espèces (A) et les dépenses en espèces (B). Si B est supérieur à A, la situation est anormale ; dans ce cas, le vérificateur pourra adresser au contribuable une demande de justifications.

– *Les conséquences de l'examen contradictoire.* Avant d'engager toute procédure de redressement du revenu global, le vérificateur doit adresser au contribuable une demande d'éclaircissements et de justifications. Le contribuable dispose d'un délai de réponse qui ne peut être inférieur à deux mois. En cas de réponse insuffisante, il est mis en demeure de compléter sa réponse dans un délai de 30 jours. En cas de défaut de réponse ou de réponse jugée insuffisante, le contribuable sera taxé d'office : c'est l'administration qui détermine unilatéralement les bases d'imposition.

Le pouvoir de redressement de l'Administration

À la suite de l'exercice du droit de reprise, l'Administration a un pouvoir de redressement : elle peut corriger le montant de l'imposition due par le contribuable en l'augmentant.

La procédure contradictoire

C'est la procédure de droit commun qui est applicable lorsque les autres procédures ne le sont pas. L'objectif est de rechercher un accord entre l'Administration et le contribuable ; en cas de désaccord, la commission départementale peut être saisie. La procédure est engagée par une notification, adressée au contribuable, des redressements que l'administration envisage d'apporter à ses déclarations. Cette notification doit être motivée, pour permettre au contribuable de formuler ses observations ou de faire connaître son acceptation dans un délai de réponse de 30 jours. À défaut de réponse dans le délai, le contribuable est réputé avoir accepté (acceptation tacite). En cas d'acceptation, expresse ou tacite, l'impôt est calculé en fonction des éléments figurant dans la notification et, s'il y a réclamation contentieuse ultérieurement, la charge de la preuve incombera au contribuable. Si l'Administration reconnaît comme fondées les observations présentées dans les 30 jours, elle renonce à tout ou partie des redressements notifiés.

La procédure de règlement particulière

Cette procédure, dite de « simple rappel », concerne les PME (dont le chiffre d'affaires ne dépasse pas les limites du régime simplifié d'imposition). Son but est de faciliter la conclusion d'une vérification de comptabilité, en permettant aux intéressés, sur leur demande, de réparer les erreurs, omissions, inexactitudes commises de bonne foi. Le contribuable devra souscrire une déclaration rectificative. Le complément d'impôt devra être acquitté dans un délai de deux mois avec, le cas échéant, des intérêts de retard au taux de 0,75 % par mois.

La procédure d'imposition d'office

Dans certains cas exceptionnels limitativement énumérés par la loi, le vérificateur peut établir d'office les impositions supplémentaires résultant du contrôle. Deux catégories de procédures sont utilisées actuellement : la taxation d'office et l'évaluation d'office. Sauf exception, la commission départementale ne peut pas être saisie.

La procédure de répression des abus de droit

L'abus de droit suppose l'existence d'un acte juridique apparemment régulier, mais dont le seul but est de cacher le vrai caractère d'une opération en vue d'éluder, en tout ou partie, les charges fiscales qui auraient dû être supportées normalement (exemple : acte de vente cachant une donation). En cas d'abus de droit, l'Administration est en droit de requalifier l'opération litigieuse et de faire payer l'impôt correspondant, assorti des intérêts de retard et d'une majoration de 80 %.

LES SANCTIONS

Les sanctions fiscales

– *Défaut ou dépôt tardif de déclaration.* Si le contribuable n'a pas régularisé sa situation dans les 30 jours d'une première mise en demeure, la procédure de taxation ou d'évaluation d'office est applicable. Le défaut ou le dépôt tardif d'une déclaration est sanctionné par un intérêt de retard au taux mensuel de 0,2 %, auquel s'ajoute une majoration de 10 %. Le taux de la majoration est porté à 40 % lorsque la déclaration n'est pas déposée dans les 30 jours d'une première mise en demeure, et à 80 % si elle n'est pas déposée dans les 30 jours d'une seconde mise en demeure.

– *Opposition à contrôle fiscal.* Les bases d'imposition n'ont pas à être notifiées au contribuable, en principe, et c'est l'évaluation d'office qui s'applique. Les suppléments de droits à la charge du contribuable sont assortis de l'intérêt de retard et d'une majoration de 100 %.

– *Insuffisances de déclaration.* Les insuffisances de déclaration sont, dans tous les cas, sanctionnées par un intérêt de retard au taux mensuel de 0,2 %, calculé depuis le premier jour du mois suivant celui au cours duquel l'impôt aurait dû être payé jusqu'au dernier jour du mois de la notification de redressement. Aux intérêts de retard s'ajoute une majoration de 40 %, calculée sur le complément d'impôt, en cas de manquement délibéré du contribuable. Le taux de la majoration est porté à 80 % si le contribuable s'est rendu coupable de manœuvres frauduleuses ou d'abus de droit. Cependant, les sanctions peuvent ne pas s'appliquer si l'insuffisance de déclaration n'excède pas le vingtième de la base d'imposition pour les impôts directs ou le dixième de la base pour les droits d'enregistrement.

– *Défaut ou retard de paiement.* Pour les impôts directs, le paiement différé subit une majoration de 10 %, tandis que pour les taxes sur le chiffre d'affaires et les droits d'enregistrement s'applique un intérêt de retard au taux mensuel de 0,2 %, auquel s'ajoute une majoration de 5 % des sommes tardivement payées.

Les sanctions pénales

– *Éléments de l'infraction.* L'administration fiscale prend l'initiative des poursuites en déposant une plainte contre certains contribuables. Deux éléments sont nécessaires pour qu'il y ait infraction fiscale : l'élément matériel (minoration ou dissimulation des revenus, par exemple) et l'élément intentionnel. Lorsque la découverte d'agissements frauduleux entraîne le dépôt d'une plainte, en vue de l'application de l'une des sanctions pénales prévues par le CGI, l'Administration peut opérer des contrôles et procéder à des rehaussements au titre des deux années excédant le délai ordinaire de prescription. Mais cette plainte ne peut être déposée que sur avis de la Commission des infractions fiscales, composée de hauts magistrats.

– Le tribunal correctionnel peut infliger aux auteurs des infractions une amende de 500 000 € et une peine d'emprisonnement de cinq ans. De plus, des peines complémentaires peuvent être prononcées par le tribunal, telles que l'interdiction temporaire d'exercer une profession commerciale ou la privation des droits civiques. Les amendes et confiscations fiscales prononcées par les tribunaux répressifs se prescrivent dans les mêmes délais que ceux prévus pour les peines correctionnelles de droit commun et dans les mêmes conditions que celles qui s'appliquent aux dommages-intérêts.

Les recours (1)

Tout contribuable ayant fait l'objet d'un contrôle fiscal peut présenter un recours. En cas de désaccord entre les parties, des organismes paritaires peuvent être saisis pour avis. Le contribuable peut encore présenter une demande en recours gracieux.

Les organismes paritaires

Commission départementale des impôts directs et des taxes sur le chiffre d'affaires : voir ci-contre.

Commission départementale de conciliation : voir ci-contre.

Le comité consultatif pour la répression des abus de droit. Saisi à l'initiative du contribuable ou de l'Administration, ce comité peut rendre un avis lorsque la procédure de répression des abus de droit est engagée. Le contribuable dispose d'un délai de 30 jours, à compter de la réponse de l'Administration à ses observations, pour demander que le litige soit soumis à l'avis du comité.

Le recours gracieux

Champ d'application. Les contribuables peuvent présenter des demandes en recours gracieux dans deux cas :
– en matière d'impôts directs, lorsque les contribuables sont dans l'impossibilité de se libérer de leur dette fiscale pour des motifs de gêne ou d'indigence, ils peuvent demander la remise ou la modération de l'impôt lui-même (non des pénalités) ;
– en toute matière fiscale, lorsque les contribuables ont fait l'objet d'amendes fiscales ou de majorations d'impôt, ils peuvent demander soit la remise ou la modération de ces pénalités si le délai de recours contentieux est écoulé, soit une transaction si les pénalités ne sont pas définitives.

La procédure de recours gracieux. Les demandes ne sont soumises à aucune condition au regard des délais de présentation. Elles peuvent être présentées à toute époque, après la mise en recouvrement des droits ou des pénalités, sous forme de simple lettre adressée aux autorités compétentes : chef de centre des impôts ou directeur départemental des services fiscaux. L'Administration instruit la réclamation et prend une décision.

Décisions en matière de recours gracieux
– Rejet de la réclamation. La réclamation peut être rejetée par le directeur départemental ou le directeur régional des services fiscaux, avec un recours hiérarchique possible devant le directeur général.
– Remise ou modération. Il s'agit de l'abandon total (remise) ou partiel (modération) de l'imposition, c'est-à-dire de l'impôt en principal, pour les impôts directs uniquement, et des pénalités devenues définitives, en toute matière fiscale.
– Transaction. Elle s'applique, si les pénalités ne sont pas définitives, aux majorations d'impôts et aux intérêts de retard mais pas aux amendes pénales. Il s'agit d'une convention signée pour les deux parties dans laquelle l'Administration réduit les pénalités, en contrepartie d'engagements pris par le contribuable. La transaction met fin à toute procédure contentieuse et les pénalités ayant fait l'objet de la transaction ne peuvent plus être remises en cause.

LA COMMISSION DÉPARTEMENTALE

La commission départementale des impôts directs et des taxes sur le chiffre d'affaires

Une commission est instituée dans chaque département ; elle comprend un président, des représentants de l'Administration ayant au moins le grade d'inspecteur principal, des représentants des contribuables. Elle est présidée par un magistrat.

Domaine de compétence	Représentants de l'Administration	Représentants* des contribuables
BIC (réel et forfait)	2	3 [a]
BNC	2	3 [a]
BA (forfait)	3	4 [b]
BA (autre que forfait)	2	3 [a]
Rémunérations excessives	2	3 [c]
Revenu global – Taxation d'office	1	2
Évaluations foncières (bâti)	4	4 [d]
Évaluations foncières (non bâti)	3	4
TVA immobilière : valeur vénale des biens	3	3 [e]

a. 2 professionnels + 1 expert-comptable. **b.** 4 professionnels. **c.** 1 professionnel + 1 expert-comptable + 1 salarié ès qualité. **d.** avec, en plus, 1 conseiller général. **e.** avec, en plus, 1 notaire. * Pour les associations, 2 représentants des contribuables sont désignés par les organismes représentatifs des associations et le 3e par la chambre de commerce et d'industrie ou la chambre de métiers.

– *Les conditions de recevabilité des demandes.*
1° la procédure de redressement contradictoire ne doit pas avoir été écartée (cependant, la commission peut être saisie à la suite d'une taxation d'office, à l'issue d'un ESFP) ;
2° la procédure de redressement ne doit pas être close ;
3° le désaccord doit concerner une matière dans laquelle l'intervention de la commission est expressément prévue par la loi : IR (BIC, BA, BNC, rémunérations excessives), IS, TVA, ESFP ;
4° le désaccord doit concerner une question de fait, à l'exclusion de toute question de droit.
– *La saisine de la commission.* La commission peut être saisie par le contribuable ou par l'Administration. Le contribuable dispose d'un délai de 30 jours pour demander la saisine de la commission à compter de la réponse de l'Administration à ses observations.
– *Conséquences de l'avis de la commission.* Sauf pour la fixation du montant du forfait ou de l'évaluation administrative, pour lequel la commission a un véritable pouvoir de décision, la commission dispose d'un simple pouvoir consultatif.

La commission départementale de conciliation

Présidée par un magistrat du siège désigné par le ministre de la Justice, elle comprend le directeur des services fiscaux ou son délégué, trois inspecteurs principaux des impôts, un notaire, trois représentants des contribuables. Elle peut être saisie en matière de droits d'enregistrement, de taxe de publicité foncière et d'IFI, pour des litiges concernant des insuffisances de prix ou d'évaluation ayant servi de base à la perception des droits. Elle ne peut pas être saisie des dissimulations de prix. Les règles de saisine et les conséquences attachées à l'avis de la commission sont identiques à celles énoncées plus haut.

Les recours (2)

Le contribuable peut contester, avec des arguments juridiques, le bien-fondé de l'imposition. Il s'agit alors de recours contentieux. Avant de pouvoir saisir régulièrement les juridictions compétentes, les contribuables doivent adresser au service des impôts compétent une réclamation préalable.

La réclamation préalable devant l'Administration

Le recours contentieux doit être présenté au préalable, obligatoirement, devant l'Administration par voie de réclamation. Cela signifie qu'un contribuable ne peut contester directement le bien-fondé de l'impôt devant un tribunal. Cette procédure joue le rôle de filtre, en évitant de surcharger les tribunaux.

L'administration fiscale compétente. La réclamation doit être adressée au service des impôts dont dépend le lieu d'imposition.

Les délais d'introduction d'une réclamation

– Délai général. La réclamation doit être présentée avant le 31 décembre de la deuxième année suivant celle de la mise en recouvrement du rôle (impôts directs établis par voie de rôle), ou du paiement de l'impôt s'il n'y a pas eu émission d'un rôle (TVA, par exemple), ou de la notification d'un avis de mise en recouvrement (impôts perçus par les comptables des impôts).

– Délais spéciaux. Pour les impôts locaux, la réclamation doit être présentée au plus tard le 31 décembre de l'année suivant celle de la mise en recouvrement. D'autres délais spéciaux sont applicables aux impôts directs, pour les demandes en restitution de crédits de TVA, en matière de contributions indirectes, etc.

Les conditions de forme. La réclamation doit être, en principe, individuelle, établie par écrit sur papier libre. Elle doit mentionner l'impôt contesté, contenir l'exposé sommaire des moyens et conclusions, être accompagnée d'une copie de l'avis d'imposition ou de mise en recouvrement, porter la signature manuscrite du contribuable ou de son mandataire.

Le sursis de paiement. La réclamation n'a pas d'effet suspensif : le contribuable n'est pas dispensé de payer l'impôt parce qu'il conteste. Mais il peut demander un sursis de paiement dans sa lettre de réclamation. Le sursis est accordé de plein droit si les garanties offertes par le contribuable sont acceptées par le service de recouvrement. Les garanties peuvent être une caution bancaire, une consignation à un compte d'attente au Trésor, des obligations cautionnées, des valeurs mobilières, etc. Si les garanties offertes par le contribuable sont refusées, celui-ci peut contester la décision de refus soit devant le juge du référé administratif en matière d'impôts directs et de taxes sur le chiffre d'affaires, soit devant un magistrat du tribunal de grande instance en matière de droits d'enregistrement.

La décision de l'Administration. Le directeur départemental des services fiscaux ou son délégué doit statuer sur les réclamations dans un délai de six mois (un délai complémentaire peut être nécessaire). Si la réclamation est fondée, le contribuable obtiendra un dégrèvement et le remboursement de l'impôt déjà acquitté, avec intérêts moratoires au taux légal. Si la réclamation est rejetée, la décision de rejet doit être motivée et, en cas de sursis de paiement obtenu par le contribuable, ce dernier devra acquitter l'impôt avec, dans certains cas, des intérêts moratoires.

LES RECOURS DEVANT LES TRIBUNAUX

La procédure devant les juridictions administratives

– *Le tribunal administratif.* C'est le juge de droit commun, en premier ressort et sous réserve d'appel devant une cour administrative d'appel, du contentieux des impôts directs et des taxes sur le chiffre d'affaires. Le tribunal administratif doit être saisi dans un délai de deux mois à compter de la notification de la décision de rejet de la réclamation. Cependant, les contribuables peuvent introduire une instance devant le tribunal administratif si, dans le délai de six mois suivant la date de présentation de la réclamation, ils n'ont pas reçu l'avis de la décision de l'Administration. Le tribunal est saisi par voie de requête, présentée par le contribuable lui-même ou par l'intermédiaire d'un avocat. Le tribunal communique un exemplaire de la requête du contribuable au directeur des services fiscaux, qui présentera un mémoire en réplique. La procédure est écrite, conformément aux règles de droit commun de la procédure administrative : il y aura ainsi un échange de mémoires entre le contribuable et l'Administration. Le contribuable peut faire valoir, jusqu'à la clôture de l'instruction, tout moyen nouveau différent de ceux qu'il a soulevés dans son mémoire initial. Le tribunal peut ordonner une expertise, d'office ou à la demande de l'une des parties. Les affaires sont jugées en séance publique, et, si le tribunal administratif est tenu de se prononcer sur toutes les conclusions des parties, il ne peut statuer au-delà. Le contribuable, ou son avocat, peut présenter, sur sa demande, des observations orales.

– *La cour administrative d'appel.* Elle peut être saisie par le contribuable dans les deux mois suivant la notification du jugement rendu par le tribunal administratif. La requête est présentée sur papier libre, et le contribuable peut invoquer des moyens nouveaux. L'appel devant la cour administrative d'appel n'a pas d'effet suspensif, mais la cour peut, sous certaines conditions, ordonner le sursis à exécution du jugement du tribunal administratif. Les arrêts rendus par les cours administratives d'appel peuvent être déférés au Conseil d'État par voie de recours en cassation.

– *Le Conseil d'État.* Les motifs justifiant l'introduction d'un recours en cassation sont l'incompétence du juge, le vice de forme, la violation de la règle de droit. Le ministère d'un avocat au Conseil est obligatoire et le délai de recevabilité du recours en cassation est de deux mois à compter de la date de notification de l'arrêt attaqué. S'il prononce l'annulation de l'arrêt de la cour administrative d'appel, le Conseil d'État peut soit renvoyer l'affaire devant cette cour ou une autre cour soit statuer au fond.

La procédure devant les juridictions judiciaires

– *Le tribunal de grande instance.* Il est compétent pour statuer en premier et dernier ressort, mais, depuis le 1/3/1998, sa décision peut être portée devant la cour d'appel. Le délai de saisine est de deux mois à partir de la notification de la décision de l'Administration (s'il n'y a pas eu de notification après un délai de six mois, le contribuable peut saisir immédiatement le tribunal).

– *La Cour de cassation.* Actuellement, les jugements des tribunaux de grande instance peuvent être attaqués par voie de cassation dans un délai de deux mois. Il y a révision des erreurs de droit ou de forme mais aussi, par dérogation au droit commun, des appréciations sur les faits ou les conventions en litige.

Index

Signification des sigles utilisés dans l'ouvrage

ARD : amortissements réputés différés
BA : bénéfices agricoles
BIC : bénéfices industriels et commerciaux
BNC : bénéfices non commerciaux
CA : chiffre d'affaires
CAHT : chiffre d'affaires hors taxes
CATTC : chiffre d'affaires toutes taxes comprises
CGI : Code général des impôts
CRDS : contribution pour le remboursement de la dette sociale
CSG : contribution sociale généralisée
EARL : entreprise agricole à responsabilité limitée
EURL : entreprise unipersonnelle à responsabilité limitée
HT : hors taxes
IFA : impôt forfaitaire annuel
IR : impôt sur le revenu
IS : impôt sur les sociétés
IFI : impôt sur la fortune immobilière
K€ : kiloeuro = mille euros
LPF : Livre des procédures fiscales
M€ : million d'euros
PCG : Plan comptable général
PBRD : personnes bénéficiant d'un régime dérogatoire
PDG : président-directeur général
PVCT : plus-values à court terme
PVLT : plus-values à long terme
SA : société anonyme
SARL : société à responsabilité limitée
TTC : toutes taxes comprises
TVA : taxe sur la valeur ajoutée

FSC
www.fsc.org
MIXTE
Papier issu de sources responsables
FSC® C022030

Édition : Magali Hubert
Fabrication : Laura Milhomme
Compositeur : PCA

Impression & brochage : SEPEC - France
N° d'éditeur : 10263145
N° d'impression : 06601200618
Dépôt légal : août 2020